KOKBOK ÖVER SKÄRBRÄDOR OCH CHARCUTERIEPLATTOR

100 recept med pålägg, charkuterier, ostar och mer

Hugo Lundström

upphovsrätt Material ©2023

Allt Rättigheter Reserverad

Nej del av detta bok Maj be Begagnade eller överförs i några form eller stad några betyder utan de rätt skriven samtycke av _ förlag anda upphovsrätt ägare, bortsett från för kort citat Begagnade i a recension. Detta bok skall notera be anses vara a ersättning för medicinsk, Rättslig, eller Övrig pr av essional råd.

INNEHÅLLSFÖRTECKNING _

INNEHÅLLSFÖRTECKNING _..3
INTRODUKTION..7
CHARKUTERIBRÄDER & PLATSER...............................9
1. Klassisk charkbräda..10
2. Medelhavsmezze tallrik..12
3. Italiensk Antipasto tallrik..14
4. Asiatiskt inspirerad charkfat....................................16
5. Franskinspirerade charkuterier...............................18
6. Wanderlust ostbräda..21
7. Sommar charkuteri Snack Board............................23
8. Antipasto förrätt ostbräda.......................................25
9. Lönnkräm och äppelbakad briebräda....................27
10. Höstens charkuteribräda med honungsbrie, fikon och rosmarin..29
11. Prosciutto och fikonsalladsbräda..........................31
12. Fruktig styrelse...33
13. Ultimat osttallrik med rostade druvor.................35
14. Spanska tapasbrädet...37
15. Presidentens ostbräda..39
16. Brunchbräda...41
17. Kött- och ostbricka..43
18. Ost- och charkbräda..45
19. Vinter ostbräda...47
20. Söt-och-salt fruktbräda..49
21. Spanskinspirerad ostbräda....................................51
22. Charkuteribräda Tunnbröd..................................53
23. Charkbräda med bacon-löksylt.............................55
24. Butternut Squash Cheeseball och Cheese Board...........57
25. Middagsvärdig Charkuteribräda...........................59
26. Den lättare ostbrädan..61
27. Ostfonduebräda..63
28. Den ultimata burrata ostbrädan...........................66

29. Rökt lax aptitretare..68
30. Medelhavsmezze tallrik..70
31. Mellanvästerns charkuterinämnd.........................72
32. The Ultimate Breakfast Board...............................74
33. Vårostbräda..76
34. Vegansk charkbräda...78
35. Choklad charkuteribräda.......................................80
36. Candy Land 'Jarcuterie'...82
37. Dessertbräda med tranbärschokladtryffel..........84
38. Frukostcharkbräda...87
39. S'Mores Charkuterinämnd....................................89
40. Burger Charcuterie Board.....................................91
41. French Fry Charkuteribräda.................................93
42. Popcorn Movie Night Charkuteribräda...............95
43. Chili Charcuterie Board..97
44. Taco Night Charcuterie Board..............................99
45. Smaskig chokladfondue charkuteribräda..........101
46. Hot Wings Charkuteribräda................................103
47. Festlig och färgglad charkbräda för födelsedagsfest...105
48. Christmas Dessert Charkuteribräda...................107
49. Filmkväll Charkuteribräda..................................110
50. Alla hjärtans dessertbräde...................................112
51. Påskcharkbräda...114
CHARCUTERI Fläsk..116
52. Capicola..117
53. Torrtorkad skinka...119
54. Härdat bacon...121
55. Kryddig Pepperoni...123
56. Pancetta..126
57. Skinka...128
58. Guanciale...130
59. Kopp...132
60. Lardo..134
61. Soppressata..136
62. Bresaola..138

63. Chorizo..140
64. Jamón...142
65. Culatello...144
66. Mortadella..146
67. Bacon...148
68. Nduja...150
69. Sobrasada...152
70. Culaccia...154
71. Lonza...156
72. Bierwurst...158
73. Kabanos...160
74. Lonzino..162
75. Kulan...164
76. Ciauscolo...167
77. Kunchiang..169
CHARCUTERY NÖTKÖT.....................................172
78. Lufttorkad Bresaola..173
79. Wagyu Beef Bresaola..175
80. Corned Beef..177
81. Bündnerfleisch..179
82. Pastrami...182
83. Biltong..184
84. Biff Pancetta...186
85. Biff salami..188
86. Bologna..190
CHARCUTERIER FJÄDERFÄ................................193
87. Anka Prosciutto..194
88. Ducka honom...196
89. Kyckling Pastrami...198
90. Kalkonbacon...200
91. Kycklingkorv..202
92. Corned kyckling..205
CHARKUTERFISK OCH SKJUD............................208
93. Gravlax / Gravlax...209
94. Botade räkor..211

95. Laxskinkan..213
96. Botade sardiner..215
97. Botad makrill...217
98. Botade pilgrimsmusslor..219
99. Botad svärdfisk..221
100. Torkad öringrom (kaviar)..223
SLUTSATS...225

INTRODUKTION

Välkommen till en värld av stilfullt underhållande och ljuvligt bete – ett rike där charkuteribrädor och tallrikar står i centrum och fängslar gästerna med sina konstfulla arrangemang och aptitretande variation. I den här kokboken bjuder vi in dig att ge dig ut på en kulinarisk resa som hyllar konsten att tillverka fantastiska och läckra pålägg, fylld med en rad charkuterier, hantverksostar, lockande tillbehör och mer.

Charkuteribrädor och tallrikar erbjuder ett unikt och lockande sätt att underhålla, oavsett om du är värd för en intim sammankomst, en festlig tillställning eller helt enkelt unnar dig en speciell upplevelse. På dessa sidor hittar du en samling recept, tips och inspiration som hjälper dig att skapa fantastiska skärmar som kommer att imponera och glädja dina gäster.

Vi guidar dig genom processen att välja charkuterier av högsta kvalitet, para ihop dem med kompletterande ostar och konstfullt arrangera en mängd aptitretande tillbehör. Från säsongens frukter och salta dipp till knaprigt bröd och läckra pålägg, vi visar dig hur du skapar harmoniska smakkombinationer som lämnar ett bestående intryck.

Förbered dig på att väcka din inre underhållare och omfamna glädjen av att samlas och beta. Med en touch av kreativitet och ett stänk av kulinarisk finess kommer du att kunna skapa fantastiska charkuteribrädor och fat som inte bara tillfredsställer gommen utan också fungerar som en mittpunkt för oförglömliga stunder av delad njutning.

CHARKUTERIBRÄDER & PLATSER

1. Klassisk charkbräda

INGREDIENSER:
- Diverse charkuterier (som prosciutto, salami och coppa)
- Olika ostar (som cheddar, brie och ädelost)
- Oliver och pickles
- Blandade kex och bröd
- Färsk frukt (druvor, fikon och bär)
- Nötter (mandel, valnötter och cashewnötter)
- Dips (hummus, senap och chutney)

INSTRUKTIONER:
a) Ordna en stor träskiva eller tallrik.
b) Rulla eller vik ihop köttfärsen och lägg dem på brädan.
c) Skär ostarna i lagom stora bitar och lägg dem på brädan.
d) Lägg till oliver, pickles och dips på brädan.
e) Fyll tomma utrymmen med kex, bröd, färsk frukt och nötter.
f) Servera och njut!

2. Medelhavsmezze tallrik

INGREDIENSER:
- Hummus
- Tzatzikisås
- Baba ghanoush
- Pitabröd eller pitabröd
- Falafelbollar
- Vindruvsblad
- körsbärstomater
- Gurka skivor
- Kalamata oliver
- Fetaost
- Olivolja och citronklyftor (för duppning)

INSTRUKTIONER:
a) Ordna en tallrik eller bricka.
b) Placera skålar med hummus, tzatzikisås och baba ghanoush på tallriken.
c) Lägg på pitabröd eller pitabröd runt skålarna.
d) Ordna falafelbollar, vindruvsblad, körsbärstomater, gurkskivor och Kalamata-oliver på fatet.
e) Smula fetaost på toppen.
f) Ringla olivolja och pressa citronklyftor över plåten.
g) Servera och njut!

3.Italiensk Antipasto tallrik

INGREDIENSER:
- Skivad prosciutto
- Skivad Soppressata
- Skivad mortadella
- Marinerade kronärtskockshjärtan
- Marinerad rostad röd paprika
- Soltorkade tomater
- Bocconcini (små mozzarellabollar)
- Brödpinnar
- Grissini (brödpinnar inslagna i prosciutto)
- Parmesanostspån
- Balsamicoglasyr (för duggregn)

INSTRUKTIONER:
a) Ordna en tallrik eller tavla.
b) Lägg det skivade köttet på tallriken, rulla ihop dem om så önskas.
c) Lägg till marinerade kronärtskockshjärtan, rostad röd paprika och soltorkade tomater på tallriken.
d) Lägg bocconcini och brödpinnar på fatet.
e) Strö parmesanostspån över tallriken.
f) Ringla balsamicoglasyr över ingredienserna.
g) Servera och njut!

4. Asiatiskt inspirerad charkfat

INGREDIENSER:
- Skivad stekt fläsk eller kinesiskt grillfläsk
- Skivad stekt anka
- Skiva honom
- Korv i asiatisk stil
- Soja sås
- Hoisin sås
- Inlagda grönsaker (morötter, daikon och gurka)
- Ångkokta bullar eller salladsblad
- Sriracha eller chilisås (valfritt)

INSTRUKTIONER:
a) Ordna en tallrik eller bricka.
b) Lägg det skivade köttet på tallriken.
c) Servera soja och hoisinsås i små skålar för doppning.
d) Ordna de syltade grönsakerna på tallriken.
e) Servera ångade bullar eller salladsblad vid sidan av.
f) Alternativt, ge Sriracha eller chilisås för extra krydda.
g) Servera och njut!

5. Franskinspirerade charkuterier

INGREDIENSER:
- Diverse charkuterier (som saucisson, jambon de Bayonne, paté eller rillettes)
- Franska ostar (som Brie, Camembert, Roquefort eller Comté)
- Baguetteskivor eller franskbröd
- Cornichons (små pickles)
- Dijon senap
- Oliver (som Niçoise eller Picholine)
- Vindruvor eller skivade fikon
- Valnötter eller mandel
- Färska örter (som persilja eller timjan) till garnering

INSTRUKTIONER:
a) Välj en stor träskiva eller tallrik för att ordna dina franskinspirerade charkuterier.
b) Börja med att lägga upp charkarna på tavlan. Rulla eller vik dem och lägg dem i ett tilltalande mönster.
c) Skär den franska osten i skivor eller klyftor och lägg dem vid sidan av köttfärsen.
d) Lägg till en bunt baguetteskivor eller franskbröd på brädan, vilket ger ett klassiskt tillbehör till köttet och ostarna.
e) Placera en liten skål med dijonsenap på brädan för att doppa eller breda på brödet.
f) Lägg till en skål med cornichons, som är traditionella franska pickles, för att komplettera charkarnas smaker.
g) Strö ut en mängd olika oliver på brädet, fyll eventuella återstående luckor.
h) Placera klasar av färska druvor eller skivade fikon runt brädet, lägg till en touch av sötma.

i) Strö valnötter eller mandel över hela brädan för extra textur och smak.

j) Garnera tavlan med färska örter för en pricken över i:et.

k) Servera den franskinspirerade charkbrädan som förrätt eller mittpunkt vid din sammankomst, så att gästerna kan njuta av den härliga kombinationen av smaker och texturer.

6. Wanderlust ostbräda

INGREDIENSER:
Olika ostar från olika regioner (som fransk brie, italiensk parmesan, spansk manchego eller schweizisk Gruyère)
Diverse charkuterier (som prosciutto, salami eller chorizo)
Blandat bröd och kex
Torkad frukt (som fikon, aprikoser eller dadlar)
Nötter (som mandel, valnötter eller cashewnötter)
Oliver eller marinerade grönsaker
Honungs- eller fruktkonserver för duggregn
Färska örter till garnering

INSTRUKTIONER:
Ordna de olika ostarna på en ostbräda eller ett fat, gruppera dem efter region.
Lägg de olika charkarna vid sidan av ostarna.
Lägg till en mängd olika bröd och kex på tavlan så att gästerna kan njuta av ostarna och köttet.
Strö torkad frukt och nötter runt brädet för extra textur och smak.
Tillsätt oliver eller marinerade grönsaker för ett syrligt och salt inslag.
Ringla honung eller sked fruktkonserver över ostarna för en touch av sötma.
Garnera med färska örter för extra fräschör och visuell attraktion.
Servera och njut!

7. Sommar charkuteri Snack Board

INGREDIENSER:

- Blandade skivade frukter (som vattenmelon, cantaloupe eller ananas)
- Diverse skivade grönsaker (som gurka, paprika eller körsbärstomater)
- Färska bär (som jordgubbar, blåbär eller hallon)
- Blandade osttärningar eller skivor
- Diverse kex eller brödpinnar
- Hummus eller grönsaksdipp
- Diverse nötter eller trailmix
- Färska örter till garnering

INSTRUKTIONER:

a) Ordna de olika skivade frukterna på en stor serveringsbräda eller tallrik.
b) Lägg skivade grönsaker och färska bär vid sidan av frukterna.
c) Lägg till olika osttärningar eller skivor på brädan för ett smakfullt inslag.
d) Tillhandahåll en mängd olika kex eller brödpinnar som gästerna kan njuta av tillsammans med frukterna och ostarna.
e) Servera hummus eller grönsaksdipp i små rätter för att doppa grönsakerna.
f) Strö ut diverse nötter eller trailmix runt brädet för ytterligare crunch och smak.
g) Garnera med färska örter för extra fräschör och visuell attraktion.
h) Servera och njut!

8. Antipasto förrätt ostbräda

INGREDIENSER:

- Diverse charkuterier (som prosciutto, salami eller capicola)
- Diverse ostar (som mozzarella, provolone eller Asiago)
- Marinerade kronärtskockshjärtan
- Marinerade oliver
- Rostad röd paprika
- Grillade eller marinerade grönsaker (som zucchini eller aubergine)
- Blandat bröd eller pinnar
- Balsamicoglasyr eller reduktion för duggregn
- Färsk basilika eller persilja till garnering

INSTRUKTIONER:

a) Ordna de olika charkarna på en stor serveringsbräda eller tallrik.
b) Lägg de olika ostarna bredvid köttet.
c) Lägg till marinerade kronärtskockshjärtan, marinerade oliver och rostad röd paprika på brädan.
d) Inkludera grillade eller marinerade grönsaker för extra smak och variation.
e) Tillhandahåll olika bröd eller brödpinnar som gästerna kan njuta av till köttet och ostarna.
f) Ringla balsamicoglasyr eller reduktion över ingredienserna för en syrlig och söt touch.
g) Garnera med färsk basilika eller persilja för extra fräschör och visuellt utseende.
h) Servera och njut!

9.Lönnkräm och äppelbakad briebräda

INGREDIENSER:
Brie osthjul
Lönnkräm eller lönnsirap
Skivade äpplen
Blandade kex eller bröd
Nötter (som pekannötter eller valnötter)
Färska rosmarinkvistar till garnering

INSTRUKTIONER:
Värm ugnen till 350°F (175°C).
Lägg brieosthjulet på en bakplåtspappersklädd plåt.
Ringla lönnkräm eller lönnsirap över Brieosten.
Grädda i den förvärmda ugnen i cirka 10-12 minuter, eller tills osten är mjuk och sliskig.
Ta ut ur ugnen och låt den svalna något.
Lägg skivade äpplen runt den bakade brien på ett serveringsbräde eller fat.
Lägg till diverse kex eller bröd som gästerna kan njuta av tillsammans med osten och äpplena.
Strö nötter runt brädet för extra crunch och smak.
Garnera med färska rosmarinkvistar för extra fräschör och visuell attraktion.
Servera och njut!

10. Höstens charkuteribräda med honungsbrie, fikon och rosmarin

INGREDIENSER:
Svartpeppar-Honey Brie ost
Färska fikon
Färska rosmarinkvistar
Blandade kex och bröd
Prosciutto eller andra charkuterier
Blandade nötter (som valnötter eller pekannötter)
Honung för duggregn

INSTRUKTIONER:
Ordna svartpeppar-honungsbrieosten i mitten av brädan.
Lägg de färska fikonen runt osten.
Strö ut färska rosmarinkvistar på brädet för garnering.
Ordna kex och bröd runt osten och fikonen.
Rulla ihop prosciutton eller andra charkuterier och lägg dem på brädan.
Lägg till blandade nötter på brädan för ytterligare crunch och smak.
Ringla honung över fikonen och osten.
Servera och njut!

11.Prosciutto och fikonsalladsbräda

INGREDIENSER:
Blandad grönsallad
Färska fikon, skivade
Prosciutto, tunt skivad
Getost eller ädelost, smulad
Kanderade valnötter eller pekannötter
Balsamicoglasyr eller balsamicoreduktion

INSTRUKTIONER:
Ordna de blandade salladsgrönsakerna på en stor serveringsbräda eller tallrik.
Strö de skivade färska fikonen över grönsakerna.
Lägg den tunt skivade prosciutton över fikon och gröna.
Strö smulad getost eller ädelost över salladen.
Strö kanderade valnötter eller pekannötter ovanpå.
Ringla balsamicoglasyr eller balsamicoreduktion över salladen.
Servera och njut!

12. Fruktig styrelse

INGREDIENSER:
Diverse färsk frukt (ek, vindruvor, bär, melon, ananas, etc.)
Torkad frukt (ek, aprikoser, dadlar, fikon, etc.)
Blandade nötter (ek, mandel, cashewnötter, pistagenötter, etc.)
Honungs- eller fruktdopp till servering

INSTRUKTIONER:
Tvätta och förbered de färska frukterna, skär större frukter i lagom stora bitar.
Ordna den färska frukten på ett stort serveringsbräde eller fat.
Placera små skålar eller ramekins på brädan för att hålla den torkade frukten och nötterna.
Fyll skålarna med torkad frukt och nötter, skapa separata kluster.
Ringla honung över den färska frukten eller servera den i ett litet fat bredvid.
Servera och njut!

13. Ultimat osttallrik med rostade druvor

INGREDIENSER:
- Diverse ostar (som Brie, cheddar, gouda, ädelost, etc.)
- Rostade druvor (se instruktioner nedan)
- Blandade kex och bröd
- Nötter (som mandel, valnötter eller pekannötter)
- Honungs- eller fruktkonserver för servering

INSTRUKTIONER:

FÖR ROSTADE DRUVOR:

a) Värm ugnen till 400°F (200°C).
b) Lägg ett knippe druvor utan kärnor på en plåt klädd med bakplåtspapper.
c) Ringla över druvorna med lite olivolja och strö över salt.
d) Rosta druvorna i den förvärmda ugnen i cirka 15-20 minuter, eller tills de blir lätt skrynkliga och karamelliserade.
e) Ta ut druvorna från ugnen och låt dem svalna innan du lägger dem på ostplattan.

FÖR OST TALLEN:

f) Ordna de olika ostarna på en ostbricka eller ett fat.
g) Lägg de rostade druvorna bredvid ostarna.
h) Lägg till kex och bröd på brädan, vilket ger en mängd olika texturer och smaker.
i) Strö nötter runt ostarna för ytterligare crunch.
j) Servera honung eller fruktkonserver i små rätter så att gästerna kan ringla över osten.
k) Servera och njut!

14. Spanska tapasbrädet

INGREDIENSER:
Skivad kött (som chorizo, serranoskinka eller salami)
Manchego ost, skivad
Marinerade oliver
Marinerade kronärtskockshjärtan
Rostad röd paprika
Spansk tortilla (potatis och ägg omelett, skivad i små bitar)
Bröd eller baguetteskivor
Tomat- och vitlökspålägg (som tomat bruschetta topping)
Spanska mandlar eller andra nötter

INSTRUKTIONER:
Lägg upp de skivade charkarna på en stor serveringsbräda eller tallrik.
Lägg den skivade Manchegoosten bredvid köttet.
Ordna marinerade oliver, marinerade kronärtskockshjärtan och rostad röd paprika i separata klasar på brädan.
Lägg skivad spansk tortilla på brädan.
Lägg bröd eller baguetteskivor bredvid övriga ingredienser.
Servera tomat- och vitlöksspridning i ett litet fat vid sidan av brädan.
Strö spanska mandlar eller andra nötter runt brädet för extra crunch.
Servera och njut!

15.Presidentens ostbräda

INGREDIENSER:

Diverse ostar (som lagrad cheddar, Gruyère, getost, etc.)
Skivad chark (som prosciutto, salami eller coppa)
Kex och brödpinnar
Färska och torkade frukter (som vindruvor, skivade äpplen, torkade aprikoser, etc.)
Blandade nötter (som mandel, pekannötter eller hasselnötter)
Chutney- eller fruktkonserver för servering

INSTRUKTIONER:

Ordna de olika ostarna på en ostbricka eller ett fat.
Lägg skivad charkuteri vid sidan av ostarna.
Lägg till kex och brödpinnar på brädan, vilket ger en mängd olika former och smaker.
Ordna färsk och torkad frukt runt ostarna och köttet.
Strö ut diverse nötter runt brädet för extra textur.
Servera chutney eller fruktkonserver i smårätter som gästerna kan njuta av till osten.
Servera och njut!

16.Brunchbräda

INGREDIENSER:
Blandade bagels eller croissanter
Rökt lax eller lox
Färskost
Skivade tomater och gurka
Skivad rödlök
Kapris
Färsk dill
Färsk frukt (som bär, melon eller vindruvor)
Yoghurt eller honung till servering

INSTRUKTIONER:
Ordna de olika bagelsna eller croissanterna på en stor serveringsbräda eller tallrik.
Bred färskost på bagels eller croissanter.
Varva rökt lax eller lox ovanpå färskosten.
Lägg skivade tomater, gurka och rödlök på brädan.
Strö kapris och färsk dill över laxen.
Lägg till färsk frukt på brädan för ett uppfriskande inslag.
Servera yoghurt eller honung i smårätter som gästerna kan njuta av tillsammans med frukten.
Servera och njut!

17.Kött- och ostbricka

INGREDIENSER:
- Diverse charkuterier (som prosciutto, salami, pepperoni eller skinka)
- Diverse ostar (som cheddar, schweizisk, provolone eller pepparjacka)
- Blandade pickles och/eller oliver
- Senap eller honungssenap till doppning
- Skivat bröd eller kex

INSTRUKTIONER:
a) Ordna de olika charkarna på en stor serveringsbräda eller tallrik.
b) Lägg de olika ostarna bredvid köttet.
c) Lägg till diverse pickles och/eller oliver på brädan.
d) Servera senap eller honungssenap i ett litet fat till doppning.
e) Tillhandahåll skivat bröd eller kex som gästerna kan njuta av till köttet och ostarna.
f) Servera och njut!

18. Ost- och charkbräda

INGREDIENSER:

Diverse ostar (som Gouda, Brie, getost eller ädelost)
Diverse charkuterier (som prosciutto, salami eller chorizo)
Blandade frukter (som vindruvor, skivade äpplen eller päron)
Blandade nötter (som mandel, cashewnötter eller valnötter)
Kex och brödpinnar
Honungs- eller fruktkonserver för servering

INSTRUKTIONER:

Ordna de olika ostarna på en ostbricka eller ett fat.
Lägg de olika charkarna vid sidan av ostarna.
Lägg till olika frukter på tavlan för ett fräscht och sött inslag.
Strö ut diverse nötter runt brädet för extra textur.
Ordna kex och brödpinnar i separata klasar.
Servera honung eller fruktkonserver i små rätter som gästerna kan njuta av till osten.
Servera och njut!

19. Vinter ostbräda

INGREDIENSER:
Diverse ostar (som Brie, lagrad Gouda, ädelost eller camembert)
Rostade nötter (som pekannötter, valnötter eller hasselnötter)
Torkad frukt (som tranbär, aprikoser eller fikon)
Skivade päron eller äpplen
Honungs- eller fruktkonserver för duggregn
Kex och bröd

INSTRUKTIONER:
Ordna de olika ostarna på en ostbricka eller ett fat.
Strö rostade nötter över ostarna.
Lägg torkad frukt runt ostarna för ett sött och segt inslag.
Lägg skivade päron eller äpplen på brädan.
Ringla honung eller sked fruktkonserver över osten och frukterna.
Ordna kex och bröd tillsammans med övriga ingredienser.
Servera och njut!

20. Söt-och-salt fruktbräda

INGREDIENSER:

Diverse färsk frukt (som jordgubbar, ananas, kiwi eller mango)
Diverse charkuterier (som prosciutto, skinka eller kalkon)
Diverse ostar (som Gouda, Cheddar eller Havarti)
Blandade nötter (som mandel, cashewnötter eller pistagenötter)
Mörk choklad eller chokladöverdragen frukt
Honung eller lönnsirap för duggregn

INSTRUKTIONER:

Ordna de olika färska frukterna på en stor serveringsbräda eller tallrik.
Lägg köttfärsen över frukterna.
Lägg de olika ostarna vid sidan av frukterna och köttet.
Strö olika nötter runt brädet för extra crunch.
Tillsätt mörk choklad eller chokladtäckt frukt för en söt njutning.
Ringla honung eller lönnsirap över frukterna och ostarna.
Servera och njut!

21. Spanskinspirerad ostbräda

INGREDIENSER:
Manchego ost, skivad
Skivad spansk chorizo eller salami
Marinerade oliver
Marcona mandlar
Rostad röd paprika
Bröd eller baguetteskivor
Pålägg av tomat och vitlök

INSTRUKTIONER:
Lägg upp den skivade Manchegoosten på en stor serveringsbräda eller tallrik.
Lägg skivad spansk chorizo eller salami vid sidan av osten.
Ordna marinerade oliver och Marcona-mandlar i separata klasar på tavlan.
Lägg till rostad röd paprika på brädan för ett levande och smakrikt inslag.
Lägg bröd eller baguetteskivor bredvid övriga ingredienser.
Servera tomat- och vitlöksspridning i ett litet fat vid sidan av brädan.
Servera och njut!

22. Charkuteribräda Tunnbröd

INGREDIENSER:
Butiksköpt tunnbröd eller pizzadeg
Olivolja
Diverse charkuterier (som prosciutto, salami eller coppa)
Diverse ostar (som mozzarella, gorgonzola eller fontina)
Skivade grönsaker (som paprika, rödlök eller körsbärstomater)
Färska örter (som basilika eller ruccola)

INSTRUKTIONER:
Värm ugnen till den temperatur som rekommenderas på tunnbröds- eller pizzadegspaketet.
Kavla ut tunnbrödet eller sträck ut pizzadegen till önskad tjocklek.
Pensla olivolja över tunnbrödet eller pizzadegen.
Lägg de olika charkarna och ostarna över tunnbröds- eller pizzadegen.
Lägg skivade grönsaker ovanpå köttet och ostarna.
Grädda tunnbrödet eller pizzan enligt anvisningarna på förpackningen tills skorpan är gyllene och osten smält.
Ta ut ur ugnen och strö färska örter över toppen.
Skiva tunnbrödet eller pizzan i mindre bitar om så önskas.
Servera och njut!

23. Charkbräda med bacon-löksylt

INGREDIENSER:
- Diverse charkuterier (som prosciutto, salami eller soppressata)
- Diverse ostar (som Brie, Camembert eller getost)
- Kex och bröd
- Bacon-löksylt (se instruktioner nedan)
- Färska örter till garnering

INSTRUKTIONER:
FÖR BACON-LÖKSSYLTET:
a) Koka flera skivor bacon i en stekpanna tills de blir knapriga.
b) Ta bort baconet från stekpannan och ställ det åt sidan för att svalna.
c) Fräs skivad lök i samma stekpanna tills den är karamelliserad och gyllenbrun.
d) Hacka det kokta baconet i små bitar.
e) Kombinera det hackade baconet med den karamelliserade löken och blanda väl.
f) Låt bacon-löksylten svalna innan du använder den på charkbrädan.

FÖR CHARCUTERIEBRANDEN :
g) Ordna de olika charkarna på en stor serveringsbräda eller tallrik.
h) Lägg de olika ostarna bredvid köttet.
i) Lägg till kex och bröd på brädan, vilket ger en mängd olika texturer och smaker.
j) Häll upp klickar av bacon-löksylten på brädan.
k) Garnera med färska örter för extra fräschör och visuell attraktion.
l) Servera och njut!

24.Butternut Squash Cheeseball och Cheese Board

INGREDIENSER:
FÖR BUTTERNUT SQUASH CHEESEBALL
- 8 uns färskost, mjukad
- 1 dl riven cheddarost
- 1/2 kopp kokt och mosad butternut squash
- 1/4 kopp hackade pekannötter eller valnötter
- 2 msk hackade färska örter (som persilja eller gräslök)
- Salta och peppra efter smak
- Diverse kex och brödpinnar för servering

INSTRUKTIONER:
FÖR BUTTERNUT SQUASH CHEESEBALLEN:
a) I en blandningsskål, kombinera mjukgjord färskost, strimlad cheddarost och mosad butternut squash.

b) Rör ner hackade pekannötter eller valnötter, hackade färska örter, salt och peppar.

c) Forma blandningen till en boll och ställ i kylen i minst 1 timme för att stelna.

d) När den är kyld, lägg ostbollen på charkbrädan.

FÖR OSTBRANDEN:
e) Ordna ostbollen på charkbrädan som mittpunkten.

f) Omge ostbollen med diverse charkuterier, som prosciutto eller salami.

g) Lägg till en mängd olika ostar på brädan, som Gouda, Brie eller ädelost.

h) Placera diverse kex och brödpinnar bredvid köttet och ostarna.

i) Tillsätt färsk frukt, som vindruvor eller skivade äpplen, för en friskhet.

j) Servera och njut!

25.Middagsvärdig Charkuteribräda

INGREDIENSER:

Diverse tillagat kött (som rostad kyckling, skivad rostbiff eller grillad korv)
Diverse ostar (som Gruyère, Fontina eller lagrad cheddar)
Rostade grönsaker (som brysselkål, morötter eller sötpotatis)
Dips eller pålägg (som hummus, aioli eller rostad vitlökspålägg)
Bröd eller baguetteskivor
Blandade oliver och pickles
Färska örter till garnering

INSTRUKTIONER:

Ordna det olika tillagade köttet på en stor serveringsbräda eller tallrik.
Lägg de olika ostarna bredvid köttet.
Lägg till rostade grönsaker på brädan för ett rejält och smakrikt inslag.
Servera dippar eller pålägg i smårätter som gästerna kan njuta av till köttet och ostarna.
Tillhandahåll bröd eller baguetteskivor för gästerna att göra smörgåsar eller crostini.
Strö ut olika oliver och pickles runt brädet för ytterligare smak.
Garnera med färska örter för extra fräschör och visuell attraktion.
Servera och njut!

26. Den lättare ostbrädan

INGREDIENSER:
Olika lätta eller fettsnåla ostar (som lätt schweizisk, lätt fetaost eller lätt mozzarella)
Färska grönsaker (som körsbärstomater, gurkskivor eller babymorötter)
Lätta eller magra dippar eller pålägg (som grekisk yoghurtdipp eller hummus)
Fullkornskex eller knäckebröd
Färsk frukt (som vindruvor eller skivade jordgubbar)
Nötter (som mandel eller pistagenötter)

INSTRUKTIONER:
Ordna de olika lätta ostarna på en ostbricka eller ett fat.
Lägg färska grönsaker, som körsbärstomater och gurkskivor, runt ostarna.
Servera lätta eller magra dippar eller pålägg i smårätter vid sidan av grönsakerna.
Lägg till fullkornskex eller knäckebröd på brädan för ett hälsosammare alternativ.
Strö ut färsk frukt, som vindruvor eller skivade jordgubbar, för en touch av sötma.
Lägg till nötter på brädan för ytterligare textur och smak.
Servera och njut!

27. Ostfonduebräda

INGREDIENSER:
FÖR OSTFONDEN:
- Diverse ostar för fondue (som Gruyère, Emmental eller Fontina)
- Vitt vin eller grönsaksbuljong
- Vitlök, hackad
- Majsstärkelse eller mjöl
- Diverse doppare (som brödtärningar, blancherade grönsaker eller äppelskivor)

INSTRUKTIONER
FÖR OSTFONDEN:
a) Riv de olika ostarna och ställ åt sidan.
b) Värm vitt vin eller grönsaksbuljong på medelvärme i en fonduegryta eller en kastrull.
c) Tillsätt hackad vitlök och låt koka en minut.
d) Tillsätt gradvis de rivna ostarna, rör hela tiden tills de smält och slät.
e) I en separat skål, blanda majsstärkelse eller mjöl med lite vatten för att göra en slurry.
f) Tillsätt slurryn till ostblandningen och rör om tills det tjocknat.
g) Överför ostfonden till en fonduegryta eller håll den varm på låg värme.
h) Servera med diverse dippers.

FÖR OSTFONDEBRANDEN:
i) Placera ostfonduegrytan eller kastrullen i mitten av en stor serveringsbräda.
j) Ordna de olika dopparna, som brödtärningar, blancherade grönsaker eller äppelskivor, runt grytan.

k) Tillhandahåll fondue gafflar eller grillspett för gästerna att doppa sina dippers i ostfondue.
l) Servera och njut!

28. Den ultimata burrata ostbrädan

INGREDIENSER:
Burrata ost
Färska tomater, skivade
Färska basilikablad
Prosciutto eller skivat chark
Marinerade oliver
Grillade eller rostade grönsaker
Blandat bröd eller pinnar

INSTRUKTIONER:
Ordna burrataosten i mitten av en stor serveringsbräda eller tallrik.
Omge burratan med färska tomatskivor och basilikablad.
Lägg prosciutto eller skivad charkuteri vid sidan av osten och tomaterna.
Lägg till marinerade oliver på brädan för en salt och syrlig smak.
Inkludera grillade eller rostade grönsaker, som zucchini eller paprika, för ett förkolnat och rökigt inslag.
Servera diverse bröd eller brödpinnar att njuta av med osten och andra ingredienser.
Servera och njut!

29. Rökt lax aptitretare

INGREDIENSER:
Rökt laxskivor
Gräddost eller örtpålägg av färskost
Tunt skivad rödlök
Kapris
Citronklyftor
Diverse kex eller baguetteskivor
Färsk dill till garnering

INSTRUKTIONER:
Lägg upp de rökta laxskivorna på ett stort serveringsfat.
Lägg klick färskost eller örtad färskost bredvid laxen.
Strö tunt skivad rödlök och kapris över laxen och färskosten.
Pressa citronklyftor över laxen för extra ljushet.
Lägg till diverse kex eller baguetteskivor som gästerna kan njuta av tillsammans med laxen.
Garnera med färska dillkvistar för en pop av färg och smak.
Servera och njut!

30. Medelhavsmezze tallrik

INGREDIENSER:
Hummus
Tzatzikisås
Falafel
Vindruvsblad
Kalamata oliver
Fetaost, tärnad
körsbärstomater
Gurka skivor
Pitabröd eller pitabröd

INSTRUKTIONER:
Lägg hummus och tzatzikisås i separata skålar på ett stort serveringsfat.
Lägg falafel och druvblad vid sidan av dipparna.
Strö ut Kalamata-oliver och fetaost i tärningar på fatet.
Lägg till körsbärstomater och gurkskivor för fräschör och crunch.
Servera pitabröd eller pitabröd till doppning och skopa.
Servera och njut!

31.Mellanvästerns charkuterinämnd

INGREDIENSER:
Diverse ostar (som Colby, Pepper Jack eller Swiss)
Skivad sommarkorv eller nötköttstavar
Diverse pickles (som bröd- och smörinläggningar eller dillgurka)
Senap eller kryddig senap till doppning
Kex eller kringlor

INSTRUKTIONER:
Ordna de olika ostarna på en ostbricka eller ett fat.
Lägg skivad sommarkorv eller nötköttstavar vid sidan av ostarna.
Lägg till diverse pickles på brädan för ett syrligt och krispigt inslag.
Servera senap eller kryddig senap i ett litet fat till doppning.
Tillhandahåll kex eller kringlor som gästerna kan njuta av till köttet och ostarna.
Servera och njut!

32. The Ultimate Breakfast Board

INGREDIENSER:
Hårdkokta ägg, skivade
Rökt lax eller lox
Skivad skinka eller bacon
Diverse ostar (som cheddar, Gouda eller getost)
Skivade tomater och gurka
Blandad färsk frukt
Yoghurt eller fruktdipp
Blandat bröd eller bagels

INSTRUKTIONER:
Lägg upp de skivade hårdkokta äggen på en stor serveringsbräda eller tallrik.
Lägg rökt lax eller lox bredvid äggen.
Lägg till skivad skinka eller bacon på brädan för en smakfull touch.
Strö olika ostar runt brädet för variation.
Placera skivade tomater och gurkor för fräschör och crunch.
Lägg till färsk frukt på brädan för ett sött och uppfriskande inslag.
Servera yoghurt eller fruktdopp i smårätter som gästerna kan njuta av tillsammans med frukten.
Servera diverse bröd eller bagels för gästerna att skapa frukostsmörgåsar eller rostat bröd.
Servera och njut!

33. Vårostbräda

INGREDIENSER:
Diverse färskostar (som getost, Boursin eller Camembert)
Färska jordgubbar, halverade
Färska sparrisspjut, blancherade
Rädisor, tunt skivade
Vårärter eller sockerärter
Honungs- eller fruktkonserver för duggregn
Kex eller baguetteskivor

INSTRUKTIONER:
Ordna de olika färskostarna på en ostbricka eller ett fat.
Lägg halverade jordgubbar bredvid ostarna.
Lägg på blancherade sparrisspjut och tunt skivade rädisor på brädan.
Strö ut vårärtor eller sockerärter för en explosion av färg och fräschör.
Ringla honung eller sked fruktkonserver över osten och frukterna.
Servera kex eller baguetteskivor som gästerna kan njuta av tillsammans med osten och andra ingredienser.
Servera och njut!

34. Vegansk charkbräda

INGREDIENSER:
Diverse veganska ostar (som cashewost, mandelost eller kokosost)
Blandade veganska delikatessskivor eller växtbaserat kött
Hummus eller vegansk dipp
Blandade råa grönsaker (som morotsstavar, paprikaskivor eller körsbärstomater)
Oliver eller marinerade grönsaker
Blandade kex eller riskakor

INSTRUKTIONER:
Ordna de olika veganska ostarna på en ostbricka eller ett fat.
Lägg veganska delikatessskivor eller växtbaserat kött vid sidan av ostarna.
Lägg till hummus eller vegansk dipp på brädan för ett krämigt inslag.
Ordna råa grönsaker, som morotsstavar, paprikaskivor eller körsbärstomater, runt brädan.
Strö över oliver eller marinerade grönsaker för extra smak.
Tillhandahåll olika kex eller riskakor som gästerna kan njuta av tillsammans med de veganska ostarna och andra ingredienser.
Servera och njut!

35. Choklad charkuteribräda

INGREDIENSER:

Blandade chokladchoklad (som mörk choklad, mjölkchoklad eller vit choklad)
Chokladtäckta frukter (som jordgubbar, bananskivor eller torkade aprikoser)
Chokladtryffel eller bonbons
Blandade nötter (som mandel, hasselnötter eller pistagenötter)
Kringlor eller biscotti
Färsk frukt (som vindruvor eller hallon)
Kolasås eller chokladsås att ringla över

INSTRUKTIONER:

Ordna de olika chokladen på en stor serveringsbräda eller tallrik.
Lägg chokladtäckta frukter bredvid chokladen.
Lägg till chokladtryffel eller bonbons på brädan för en lyxig njutning.
Strö ut diverse nötter runt brädet för ytterligare textur och smak.
Ge pretzels eller biscotti som gästerna kan doppa i chokladen eller njuta på egen hand.
Tillsätt färsk frukt, som vindruvor eller hallon, för ett uppfriskande inslag.
Ringla kola eller chokladsås över chokladen och frukterna.
Servera och njut!

36. Candy Land 'Jarcuterie'

INGREDIENSER:
Diverse godis (som gummibjörnar, lakrits, M&M's eller jelly beans)
Chokladtäckta kringlor eller popcorn
Mini marshmallows
Diverse kakor eller rånstavar
Strössel eller ätbart glitter
Små burkar eller burkar för servering

INSTRUKTIONER:
Fyll varje liten burk eller behållare med en annan typ av godis.
Placera de fyllda burkarna eller behållarna på en stor serveringsbräda eller tallrik.
Lägg till chokladtäckta kringlor eller popcorn på brädan för en söt och salt kombination.
Strö mini marshmallows runt burkarna för extra konsistens.
Tillhandahåll olika kakor eller rånstavar som gästerna kan doppa i godisarna eller njuta av på egen hand.
Strö tavlan med färgglada strössel eller ätbart glitter för en festlig touch.
Servera och njut!

37. Dessertbräda med tranbärschokladtryffel

INGREDIENSER:
TILL TRANSBÄRSCHOKLADTRYFFEL:
- 8 uns mörk choklad, hackad
- 1/2 kopp torkade tranbär
- 1/4 kopp tung grädde
- Kakaopulver eller strösocker för rullning

INSTRUKTIONER:
FÖR TRANSBÄRSCHOKLADTRYFFEL:
a) Lägg den hackade mörka chokladen i en värmesäker skål.
b) Värm den tunga grädden på medelvärme i en kastrull tills den börjar sjuda.
c) Häll den varma grädden över den hackade mörka chokladen och låt stå i en minut.
d) Rör om blandningen tills chokladen är helt smält och slät.
e) Tillsätt torkade tranbär till chokladblandningen och rör om tills det är väl blandat.
f) Täck skålen och ställ blandningen i kylen i minst 2 timmar eller tills den stelnar.
g) När den är kyld, använd en sked eller en liten skopa för att portionera ut tryffelblandningen.
h) Rulla varje portion till en boll och rulla sedan i kakaopulver eller strösocker för att täcka.
i) Lägg tryffeln på en bakplåtspapperklädd plåt och ställ i kylen tills den ska serveras.
FÖR DESSERTBRÄDEN:
j) Ordna tranbärschokladtryffeln på en stor serveringsbräda eller tallrik.

k) Lägg till andra sorterade efterrätter, som minikakor, chokladtäckta frukter eller minicupcakes, till tavlan.
l) Tillhandahåll små tallrikar eller servetter så att gästerna kan njuta av desserterna.
m) Servera och njut!

38. Frukostcharkbräda

INGREDIENSER:
Skivad bacon eller frukostkorv
Äggröra
Minipannkakor eller våfflor
Skivad färsk frukt (som bär, bananer eller apelsiner)
Yoghurt eller honung
Diverse frukostbakelser (som croissanter eller muffins)
Lönnsirap eller fruktkonserver för doppning
Färska örter till garnering

INSTRUKTIONER:
Koka bacon- eller frukostkorvarna enligt anvisningarna på förpackningen.
Förbered äggröra och håll dem varma.
Lägg upp det kokta baconet eller korvarna på en stor serveringsbräda eller tallrik.
Lägg äggröran och minipannkakor eller våfflor vid sidan av baconet eller korvarna.
Lägg skivad färsk frukt och små skålar med yoghurt eller honung på brädan.
Inkludera olika frukostbakelser för variation och sötma.
Servera lönnsirap eller fruktkonserver i små rätter för doppning.
Garnera med färska örter för extra fräschör och visuell attraktion.
Servera och njut!

39. S'Mores Charkuterinämnd

INGREDIENSER:

Grahams kex
Marshmallows
Chokladkakor (som mjölkchoklad eller mörk choklad)
Diverse pålägg (som jordnötssmör eller Nutella)
Skivade jordgubbar eller bananer (valfritt)
Rostade nötter (som mandel eller jordnötter)
Blandade kakor (som mördegskakor eller chokladkakor)
Grillspett eller pinnar för att steka marshmallows

INSTRUKTIONER:

Ordna grahams kex, marshmallows och chokladkakor på en stor serveringsbräda eller tallrik.
Lägg olika pålägg, skivade jordgubbar eller bananer och rostade nötter vid sidan av kex, marshmallows och choklad.
Lägg till olika kakor på brädan för extra sötma och konsistens.
Tillhandahåll grillspett eller pinnar så att gästerna kan rosta marshmallows.
Låt gästerna skapa sina egna S'mores genom att lägga rostade marshmallows, choklad och pålägg mellan grahamsbröd.
Servera och njut!

40. Burger Charcuterie Board

INGREDIENSER:
Diverse hamburgerbiffar (som nötkött, kalkon eller grönsaker)
Skivad ost (som cheddar, schweizisk eller pepparjacka)
Diverse hamburgerbullar eller salladswraps
Skivade tomater, lök och pickles
Diverse kryddor (som ketchup, senap eller majonnäs)
Blandade pålägg (som bacon, avokado eller karamelliserad lök)
Pommes frites eller sötpotatis
Dipsåser (som ketchup, aioli eller barbecuesås)

INSTRUKTIONER:
Koka hamburgerbiffarna enligt dina önskemål (grillade, stekta eller bakade).
Lägg de kokta hamburgerbiffarna och skivad ost på ett stort serveringsbräde eller fat.
Lägg hamburgerbullarna eller salladswraperna vid sidan av biffarna och osten.
Placera skivade tomater, lök och pickles på tavlan så att gästerna kan anpassa sina hamburgare.
Tillhandahåll olika smaktillsatser och pålägg för gästerna att lägga till sina hamburgare.
Servera pommes frites eller sötpotatis frites vid sidan av brädan.
Ge dippsåser till pommes fritesen.
Servera och njut!

41. French Fry Charkuteribräda

INGREDIENSER:

Olika typer av pommes frites (som pommes frites, lockiga pommes frites eller sötpotatisfrites)
Diverse dippsåser (som ketchup, aioli, barbecuesås eller ostsås)
Skivad ost (som cheddar eller Gruyère)
Krispigt bacon eller baconbitar
Skivad jalapeños eller inlagd paprika
Karamelliserad lök
Färska örter till garnering

INSTRUKTIONER:

Koka pommes fritesen enligt anvisningarna på förpackningen eller gör dem från grunden.
Ordna de kokta pommes fritesen på en stor serveringsbräda eller ett fat.
Lägg diverse dippsåser i små rätter runt brädan.
Lägg till skivad ost, knapriga bacon eller baconbitar, skivade jalapeños eller inlagda paprika och karamelliserad lök på brädan för extra smak och variation.
Garnera med färska örter för extra fräschör och visuell attraktion.
Servera och njut!

42. Popcorn Movie Night Charkuteribräda

INGREDIENSER:

Diverse popcornsmaker (som smör, kola eller ost)
Diverse popcornkryddor (som ranch, grill eller kanelsocker)
Chokladgodis eller chokladtäckta popcorn
Blandade nötter (som jordnötter, mandel eller cashewnötter)
Pretzels eller mini pretzel sticks
Torkad frukt (som tranbär eller russin)
Diverse biografsnacks (som godis, lakrits eller gummibjörnar)

INSTRUKTIONER:

Ordna de olika popcornsmakerna i separata skålar på en stor serveringsbräda eller tallrik.
Placera de olika popcornkryddorna bredvid popcornskålarna.
Lägg till chokladgodis eller chokladtäckta popcorn på tavlan för en söt upplevelse.
Strö ut diverse nötter, kringlor och torkad frukt runt brädan för extra crunch och smak.
Inkludera diverse biografsnacks, som godis, lakrits eller gummibjörnar, för en rolig och nostalgisk touch.
Servera och njut!

43. Chili Charcuterie Board

INGREDIENSER:
Hemgjord eller köpt chili (som nötchili eller vegetarisk chili)
Blandade pålägg (som riven ost, gräddfil, hackad lök eller hackad jalapeños)
Tortillachips eller majsbröd
Skivad avokado eller guacamole
Färsk koriander eller persilja till garnering

INSTRUKTIONER:
Värm upp chilin om du använder den i butik eller förbered hemgjord chili.
Lägg chilin i en stor gryta eller i en långkokare på ett serveringsbräde eller fat.
Ordna olika pålägg, som riven ost, gräddfil, tärnad lök eller hackad jalapeños, runt chilin.
Lägg till tortillachips eller majsbröd på brädan för doppning och skopa.
Inkludera skivad avokado eller guacamole för ett krämigt och fräscht inslag.
Garnera med färsk koriander eller persilja för extra fräschör och visuell attraktion.
Servera och njut!

44. Taco Night Charcuterie Board

INGREDIENSER:

Diverse tacofyllningar (som kryddat köttfärs, strimlad kyckling eller grillade grönsaker)
Tortillas (som mjöltortillas eller majstortillas)
Blandade pålägg (som strimlad sallad, tärnade tomater, skivad lök eller hackad koriander)
Skivade jalapeños eller inlagda jalapeños
Guacamole eller skivad avokado
Salsa eller varm sås
Gräddfil eller grekisk yoghurt

INSTRUKTIONER:

Koka tacofyllningarna enligt dina önskemål (kryddat nötfärs, strimlad kyckling eller grillade grönsaker).
Lägg de kokta tacofyllningarna i separata skålar på ett stort serveringsbräde eller fat.
Ordna tortillas och diverse pålägg, såsom strimlad sallad, tärnade tomater, skivad lök eller hackad koriander, runt fyllningarna.
Lägg till skivade jalapeños eller inlagda jalapeños, guacamole eller skivad avokado, salsa eller varm sås och gräddfil eller grekisk yoghurt på brädan.
Låt gästerna sätta ihop sina egna tacos genom att fylla tortillas med önskad fyllning och pålägg.
Servera och njut!

45. Smaskig chokladfondue charkuteribräda

INGREDIENSER:
FÖR CHOKLADFONDUE
- Blandade chokladchoklad för fondue (som mjölkchoklad, mörk choklad eller vit choklad)
- Kraftig grädde eller mjölk
- Blandade doppare (som frukt, marshmallows, kakor eller kringlor)

INSTRUKTIONER:
FÖR CHOKLADFONDUE:
a) Hacka de olika chokladen i små bitar och ställ åt sidan.
b) Värm grädden eller mjölken på medelhög värme i en kastrull tills den börjar sjuda.
c) Ta kastrullen från värmen och tillsätt den hackade chokladen.
d) Rör om blandningen tills chokladen är helt smält och slät.
e) Överför chokladfonduen till en fonduegryta eller håll den varm på låg värme.
f) Servera med diverse dippers.

FÖR CHARCUTERIEBRANDEN:
g) Placera chokladfonduegrytan eller kastrullen i mitten av en stor serveringsbräda eller tallrik.
h) Ordna de olika dopparna, såsom frukt, marshmallows, kakor eller kringlor, runt grytan.
i) Tillhandahåll grillspett eller gafflar så att gästerna kan doppa sina dippers i chokladfondue.
j) Servera och njut!

46. Hot Wings Charkuteribräda

INGREDIENSER:

Bakade eller stekta kycklingvingar
Blandade smaker av het sås eller vingsås (som buffel, grill eller honungssriracha)
Blåmögelost eller ranchdressing för doppning
Morot och selleripinnar
Blandade pickles eller inlagda grönsaker
Diverse kex eller brödpinnar
Färsk persilja eller koriander till garnering

INSTRUKTIONER:

Koka kycklingvingarna enligt dina önskemål (bakade eller stekta).
Kasta de kokta vingarna i blandad het sås eller vingsås smaker.
Lägg upp kycklingvingarna på en stor serveringsbräda eller tallrik.
Lägg ädelost eller ranchdressing i små fat för doppning.
Lägg till morots- och selleristavar och diverse pickles eller inlagda grönsaker på brädan.
Tillhandahåll olika kex eller brödpinnar som gästerna kan njuta av med vingarna och dipparna.
Garnera med färsk persilja eller koriander för extra fräschör och visuell attraktion.
Servera och njut!

47. Festlig och färgglad charkbräda för födelsedagsfest

INGREDIENSER:

Diverse färgglada godisar (som gummibjörnar, M&M's eller jellybeans)
Mini cupcakes eller cake pops
Blandade kakor eller macarons
Chokladtäckta kringlor eller popcorn
Fruktspett eller fruktkabobs
Diverse dippar (som chokladdipp eller färskostdipp)
Regnbågsströssel eller ätbart glitter till dekoration

INSTRUKTIONER:

Ordna de olika färgglada godisarna i separata skålar på en stor serveringsbräda eller tallrik.
Placera mini cupcakes eller cake pops bredvid godisarna.
Lägg till olika kakor eller macarons på brädan för variation och sötma.
Inkludera chokladtäckta kringlor eller popcorn för en salt och söt kombination.
Spett färsk frukt till fruktspett eller skapa fruktkabobs.
Tillhandahåll olika dippar, som chokladdipp eller färskostdipp, som gästerna kan njuta av tillsammans med frukterna och andra godsaker.
Strö regnbågsströssel eller ätbart glitter över tavlan för en festlig och färgstark touch.
Servera och njut!

48. Christmas Dessert Charkuteribräda

INGREDIENSER:

- Diverse julkakor (som sockerkakor, pepparkakor eller mördegskakor)
- Mini cupcakes eller browniebites
- Pepparmyntsbark eller chokladtäckta pepparmyntsstavar
- Äggnöt eller vit chokladmousse
- Färska tranbär eller granatäpplekärnor
- Godis eller pepparmynta godis
- Diverse nötter eller trailmix med semestersmaker (som kanel eller muskotnöt)
- Kvistar färsk mynta eller rosmarin till garnering

INSTRUKTIONER:

a) Ordna de olika julkakorna på en stor serveringsbräda eller ett fat.
b) Placera mini-cupcakes eller browniebites bredvid kakorna.
c) Lägg till pepparmyntsbark eller chokladtäckta pepparmyntsstavar på tavlan för en festlig och mintig behandling.
d) Ge äggnöt eller vit chokladmousse i små rätter för ett krämigt och överseende inslag.
e) Strö ut färska tranbär eller granatäpplekärnor för en explosion av färg och syrlig smak.
f) Inkludera godis eller pepparmyntsgodis för en klassisk julkänsla.
g) Lägg till diverse nötter eller trailmix med semestersmaker, såsom kanel eller muskotnöt, till brädan för extra krispiga och värme.

h) Garnera med kvistar av färsk mynta eller rosmarin för extra fräschör och visuell attraktion.
i) Servera och njut!

49. Filmkväll Charkuteribräda

INGREDIENSER:
- Popcorn (som smör, kola eller ost)
- Diverse popcornkryddor (som ranch, grill eller kanelsocker)
- Chokladgodis eller chokladtäckta popcorn
- Blandade nötter (som jordnötter, mandel eller cashewnötter)
- Pretzels eller mini pretzel sticks
- Torkad frukt (som tranbär eller russin)
- Diverse biografsnacks (som godis, lakrits eller gummibjörnar)

INSTRUKTIONER:
a) Ordna de olika popcornsmakerna i separata skålar på en stor serveringsbräda eller tallrik.
b) Placera de olika popcornkryddorna bredvid popcornskålarna.
c) Lägg till chokladgodis eller chokladtäckta popcorn på tavlan för en söt upplevelse.
d) Strö ut diverse nötter, kringlor och torkad frukt runt brädan för extra crunch och smak.
e) Inkludera diverse biografsnacks, som godis, lakrits eller gummibjörnar, för en rolig och nostalgisk touch.
f) Servera och njut!

50. Alla hjärtans dessertbräde

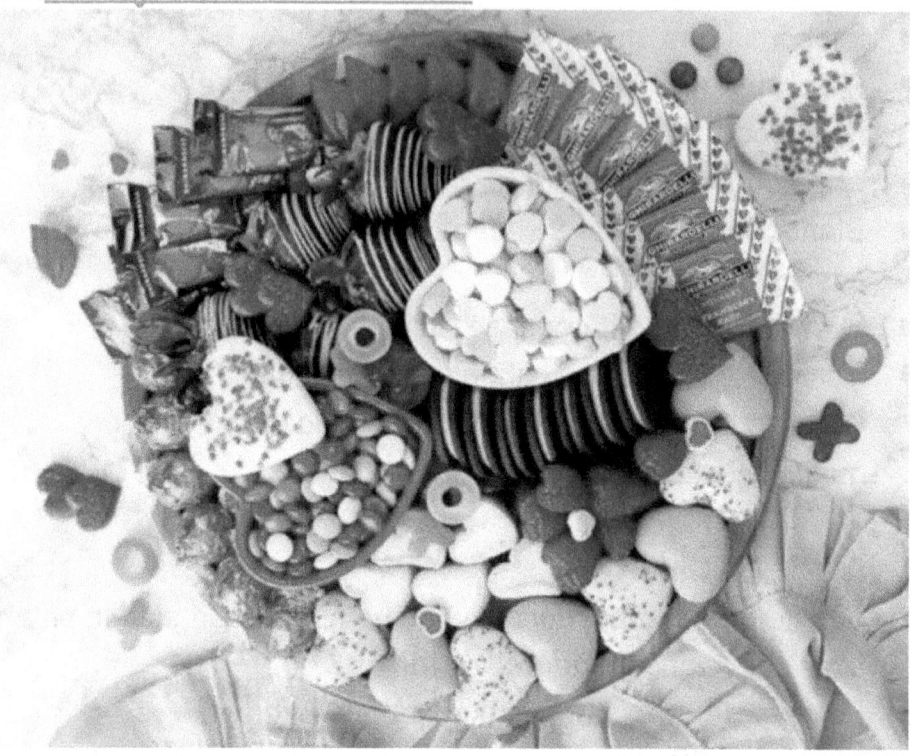

INGREDIENSER:
- Hjärtformade kakor eller brownies
- Chokladdoppade jordgubbar
- Röda sammetsmuffins eller cake pops
- Blandade choklad eller tryffel
- Jordgubbs- eller hallonyoghurt eller dipp
- Färska jordgubbar eller hallon
- Rosa eller röda godishjärtan eller pussar
- Strössel eller ätbart glitter till dekoration

INSTRUKTIONER:
a) Ordna de hjärtformade kakorna eller browniesna på en stor serveringsbräda eller tallrik.
b) Lägg chokladtäckta jordgubbar bredvid kakorna eller browniesna.
c) Lägg till röda sammetsmuffins eller cake pops till tavlan för en festlig och överseende behandling.
d) Inkludera diverse choklad eller tryffel för variation och rikedom.
e) Ge jordgubbs- eller hallonyoghurt eller doppa i smårätter för doppning.
f) Strö över färska jordgubbar eller hallon för en friskhet och en syrlig smak.
g) Lägg till rosa eller röda godishjärtan eller kyssar för en romantisk touch.
h) Strö strössel eller ätbart glitter över brädan för extra dekoration.
i) Servera och njut!

51. Påskcharkbräda

INGREDIENSER:
- Hårdkokta ägg, färgade i pastellfärger
- Diverse påskgodis (som gelébönor, peeps eller chokladägg)
- Mini cupcakes eller kakor dekorerade med påsk-tema
- Morotsstavar eller babymorötter
- Diverse ostar skurna i påskformer (som kaniner eller ägg)
- Diverse kex eller brödpinnar
- Färska vårörter eller ätbara blommor till garnering

INSTRUKTIONER:
a) Lägg de färgade hårdkokta äggen på en stor serveringsbräda eller tallrik.
b) Lägg de olika påskgodisarna bredvid äggen.
c) Lägg till mini-cupcakes eller kakor dekorerade med påsk-tema på tavlan för en söt och festlig touch.
d) Ordna morotsstavar eller babymorötter i form av en morot på tavlan.
e) Inkludera diverse ostar skurna i påskformer, som kaniner eller ägg, för extra infall.
f) Tillhandahåll olika kex eller brödpinnar som gästerna kan njuta av tillsammans med ostarna och andra godsaker.
g) Garnera med färska vårörter eller ätbara blommor för extra fräschör och visuell attraktion.
h) Servera och njut!

CHARCUTERI Fläsk

52. Capicola

INGREDIENSER:

- 5 pund benfri fläskaxel
- ½ kopp kosher salt
- ¼ kopp socker
- 2 msk svartpepparkorn, krossade
- 2 matskedar paprika
- 1 msk röd paprikaflingor
- 1 msk fänkålsfrön, krossade
- 1 msk vitlökspulver
- 1 tsk rosa salt (Pragpulver #1)

INSTRUKTIONER:

a) I en skål, kombinera koshersalt, socker, krossade svartpepparkorn, paprika, rödpepparflingor, krossade fänkålsfrön, vitlökspulver och rosa salt.
b) Gnid blandningen jämnt på fläskaxeln, se till att alla sidor är belagda.
c) Lägg den kryddade fläskaxeln i en stor återförslutningsbar påse eller slå in den tätt i plastfolie.
d) Kyl i 7-10 dagar, vänd på axeln varannan dag för att fördela den härdande blandningen jämnt.
e) Efter härdningsperioden, ta bort fläskaxeln från påsen och skölj den under kallt vatten för att ta bort överflödigt salt och krydda.
f) Förvärm din rökare till 200°F (93°C) och rök capicola i cirka 6-8 timmar tills innertemperaturen når 160°F (71°C).
g) Låt capicolan svalna och ställ den sedan i kylen i några timmar eller över natten.
h) Skiva capicolaen tunt och njut av den som ett smakrikt tillskott till smörgåsar, antipasto-tallrikar eller charkuteribrädor.

53. Torrtorkad skinka

INGREDIENSER:

- 1 hel färsk skinka, urbenad (cirka 12-15 pund)
- 1 kopp kosher salt
- 1 kopp farinsocker
- 2 matskedar rosa salt (Pragpulver #1)
- 1 msk svartpepparkorn, krossade
- 1 msk korianderfrön, krossade
- 4 lagerblad, krossade

INSTRUKTIONER:

a) I en blandningsskål, kombinera koshersalt, farinsocker, rosa salt, krossade pepparkorn, krossade korianderfrön och krossade lagerblad.

b) Gnid blandningen noggrant på den färska skinkan, täck alla sidor.

c) Lägg skinkan i en stor plastpåse eller slå in den hårt i plastfolie.

d) Kyl i 7-10 dagar, vänd skinkan var 2-3 dag för att säkerställa jämn härdning.

e) Efter härdningsperioden, ta bort skinkan från påsen och skölj den noggrant under kallt vatten för att ta bort överflödigt salt.

f) Torka skinkan med hushållspapper och häng den på ett svalt, välventilerat utrymme i 3-4 veckor, låt den lufttorka och utveckla sin karakteristiska smak.

g) När skinkan är torr är den redo att skivas och avnjutas.

54. Härdat bacon

INGREDIENSER:

- 5 pund fläskmage, skinn-på
- ½ kopp kosher salt
- ½ kopp farinsocker
- 2 msk svartpeppar, nymalen
- 2 msk rökt paprika
- 2 teskedar rosa salt (Pragpulver #1)

INSTRUKTIONER:

a) Kombinera koshersalt, farinsocker, svartpeppar, rökt paprika och rosa salt i en skål.

b) Gnid blandningen jämnt på fläskmagen, se till att alla sidor är belagda.

c) Lägg den kryddade fläskmagen i en stor återförslutningsbar påse eller slå in den tätt i plastfolie.

d) Kyl i 7-10 dagar, vänd magen varannan dag för att fördela den härdande blandningen jämnt.

e) Efter härdningsperioden, ta bort fläskmagen från påsen och skölj den under kallt vatten för att ta bort överflödigt salt och krydda.

f) Förvärm din rökare till 200°F (93°C) och rök fläskmagen i 2-3 timmar tills den når en innertemperatur på 150°F (66°C).

g) Låt baconet svalna och kyl det sedan några timmar eller över natten.

h) Skiva baconet till önskad tjocklek och koka det som du skulle göra med butiksköpt bacon.

55. Kryddig Pepperoni

INGREDIENSER:

- 2 pund magert malet fläsk
- ½ pund fläsk, fint tärnad
- 2 matskedar paprika
- 2 matskedar kosher salt
- 1 matsked socker
- 1 msk fänkålsfrön, krossade
- 1 msk torkad oregano
- 2 tsk röd paprikaflingor
- 2 tsk vitlökspulver
- 1 tsk nymalen svartpeppar
- ¼ tesked salt (Pragpulver #2)

INSTRUKTIONER:

a) I en stor blandningsskål, kombinera malet fläsk, tärnad fläsk, paprika, koshersalt, socker, krossade fänkålsfrön, torkad oregano, rödpepparflingor, vitlökspulver, svartpeppar och salt. Blanda väl så att ingredienserna fördelas jämnt.

b) Täck skålen och kyl blandningen i 24 timmar så att smakerna smälter samman.

c) Ta ut blandningen ur kylen och stoppa in den i korvtarm, bildar pepperoni-länkar av önskad längd.

d) Häng de fyllda höljena i ett svalt, välventilerat utrymme eller i ditt kylskåp i 24-48 timmar för att torka och utveckla smak.

e) Förvärm din rökare till 150°F (66°C) och rök pepperonin i 4-6 timmar tills innertemperaturen når 150°F (66°C).

f) Ta bort pepperonin från rökaren och låt den svalna helt.

g) När den svalnat är pepperonin redo att skivas och användas på pizzor, smörgåsar eller som ett smakrikt mellanmål.

56. Pancetta

INGREDIENSER:
- 4 pund fläskmage, skin-off
- $\frac{1}{2}$ kopp kosher salt
- $\frac{1}{4}$ kopp socker
- 2 msk svartpepparkorn, krossade
- 2 msk enbär, krossade
- 1 msk fänkålsfrön, krossade
- 6 vitlöksklyftor, hackade
- 6 kvistar färsk timjan, bladen skalade
- 6 lagerblad, krossade

INSTRUKTIONER:
a) I en skål, kombinera koshersalt, socker, krossade svartpepparkorn, krossade enbär, krossade fänkålsfrön, hackad vitlök, timjanblad och krossade lagerblad.
b) Gnid blandningen noggrant på fläskmagen, se till att alla sidor är belagda.
c) Lägg den kryddade fläskmagen i en stor återförslutningsbar påse eller slå in den tätt i plastfolie.
d) Kyl i 7-10 dagar, vänd magen varannan dag för att fördela den härdande blandningen jämnt.
e) Efter härdningsperioden, ta bort fläskmagen från påsen och skölj den under kallt vatten för att ta bort överflödigt salt och krydda.
f) Klappa fläskmagen torr med hushållspapper och häng den i ett svalt, välventilerat utrymme i 1-2 veckor, låt det lufttorka och utveckla smak.
g) När den har torkat, skiva pancettan tunt och använd den för att ge en rik, välsmakande smak till pastarätter, soppor eller som en fristående charkuteri.

57. Skinka

INGREDIENSER:
- 8-10 pund färskt fläsklägg
- 2 pund koshersalt
- 1 pund strösocker
- 2 msk svartpepparkorn, krossade
- 8 vitöksklyftor, hackade
- 8 lagerblad, krossade

INSTRUKTIONER:
a) I en skål, kombinera salt, socker, krossade pepparkorn, hackad vitlök och krossade lagerblad.
b) Gnid blandningen över hela fläskägget, se till att det är jämnt belagt.
c) Lägg fläskägget i en stor behållare och täck den med den återstående blandningen.
d) Kyl fläskägget i 3 veckor, vänd på det med några dagars mellanrum och tråckla det med den ansamlade vätskan.
e) Efter 3 veckor, ta bort fläskägget från blandningen och skölj det under kallt vatten.
f) Klappa fläskägget torrt och häng det i ett svalt, välventilerat utrymme i 9-12 månader för att torka och åldras.
g) När prosciutton är helt torkad kan den skivas tunt och avnjutas som en delikatess.

58. Guanciale

INGREDIENSER:
- 2 pund fläskkäkar (kinder)
- ¼ kopp kosher salt
- 2 matskedar socker
- 1 msk svartpepparkorn, krossade
- 4 vitlöksklyftor, hackade
- 4 lagerblad, krossade

INSTRUKTIONER:
a) I en skål, kombinera salt, socker, krossade pepparkorn, hackad vitlök och krossade lagerblad.
b) Gnid blandningen över fläskkäftarna, se till att de är jämnt belagda.
c) Lägg fläskkäkarna i en ziplock-påse och ställ i kylen i 7-10 dagar, vänd dem varannan till var tredje dag.
d) Efter härdningsperioden, skölj fläskkäftarna under kallt vatten och klappa dem torra.
e) Häng käkarna i ett svalt, välventilerat utrymme i 2-3 veckor för att torka.
f) När den har torkat kan guanciale skivas tunt och användas som ett smakrikt tillskott till pastarätter, carbonara eller sallader.

59. Kopp

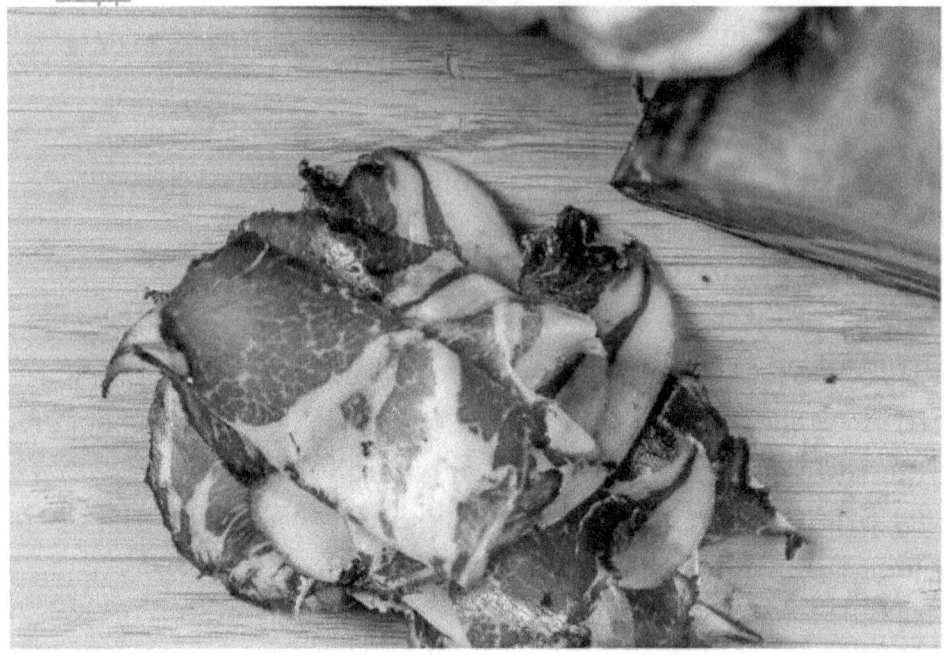

INGREDIENSER:
- 3-4 pund fläsk nacke eller axel
- ¼ kopp kosher salt
- 2 matskedar socker
- 1 msk svartpepparkorn, krossade
- 4 vitlöksklyftor, hackade
- 4 lagerblad, krossade

INSTRUKTIONER:
a) I en skål, kombinera salt, socker, krossade pepparkorn, hackad vitlök och krossade lagerblad.
b) Gnid blandningen över hela fläskhalsen eller axeln, se till att den är jämnt belagd.
c) Lägg fläsket i en ziplock-påse och kyl i 7-10 dagar, vänd på det var 2-3 dag.
d) Efter härdningsperioden sköljer du fläsket under kallt vatten och torkar det.
e) Bind fläsket hårt med slaktgarn och häng det på ett svalt, välventilerat utrymme i 3-4 veckor för att torka.
f) När den har torkat kan coppa skivas tunt och användas i smörgåsar, charkuteribrädor eller antipastofat.

60.Lardo

INGREDIENSER:

- 2 pund fläskryggfett
- ¼ kopp kosher salt
- 2 matskedar socker
- 1 msk svartpepparkorn, krossade
- 4 vitlöksklyftor, hackade
- 4 kvistar färsk rosmarin, hackad

INSTRUKTIONER:

a) I en skål, kombinera salt, socker, krossade pepparkorn, hackad vitlök och hackad rosmarin.
b) Gnid blandningen över hela fläskfettet, se till att det är jämnt belagt.
c) Lägg fläskfettet i en ziplock-påse och ställ i kylen i 7-10 dagar, vänd på det var 2-3 dag.
d) Efter härdningsperioden, ta bort fläskfettet från påsen och skölj det under kallt vatten.
e) Klappa fläskfettet torrt och häng det på ett svalt, välventilerat utrymme i 2-3 veckor för att torka.
f) När den har torkat kan lardo skäras i tunna skivor och användas som ett lyxigt tillskott till bröd, pasta eller sallader.

61. Soppressata

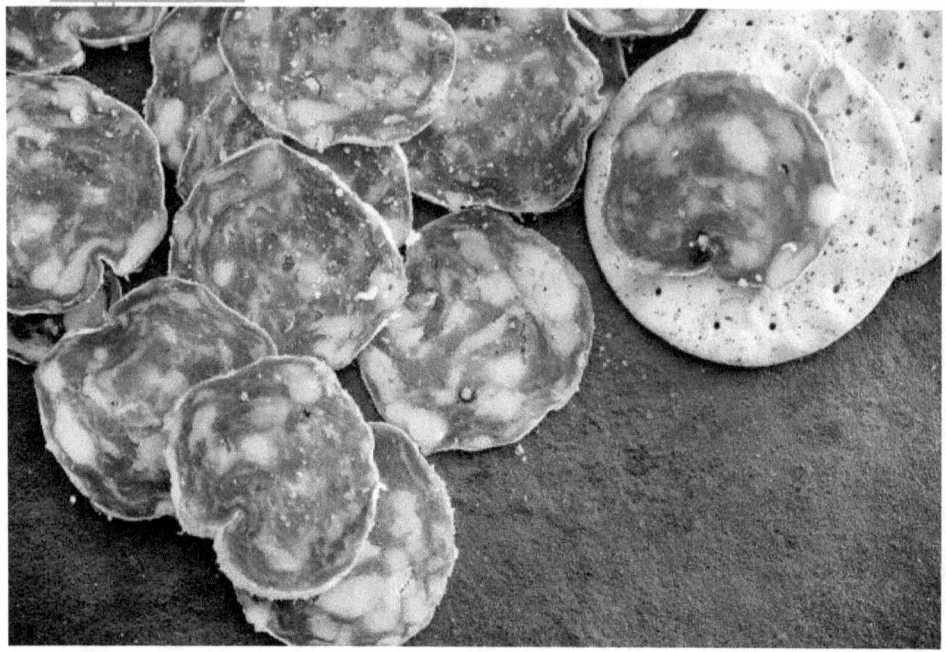

INGREDIENSER:

- 3 pund fläskaxel, trimmad av överflödigt fett
- ½ pund fläskryggfett
- ¼ kopp kosher salt
- 2 matskedar socker
- 2 tsk fänkålsfrön
- 2 tsk krossade rödpepparflingor
- 2 tsk paprika
- 2 vitlöksklyftor, hackade
- ¼ kopp torrt rött vin
- Svintarm (valfritt)

INSTRUKTIONER:

a) Skär fläskaxeln och ryggfettet i små bitar och mal dem med en köttkvarn.
b) I en skål, kombinera salt, socker, fänkålsfrön, krossade rödpepparflingor, paprika och hackad vitlök.
c) Tillsätt kryddblandningen och rödvinet till det malda fläsket och blanda noga.
d) Om du använder höljen, stoppa in blandningen i dem och knyt ändarna. Om du inte använder höljen, forma blandningen till stockar.
e) Häng de fyllda höljena eller formade stockarna på en sval, torr plats i 2-3 veckor för att torka.
f) När den har torkat kan soppressata skivas tunt och avnjutas som ett smakrikt tillskott till smörgåsar eller charkuteribrädor.

62. Bresaola

INGREDIENSER:

- 3-4 pounds biff ögon rund stek
- ¼ kopp kosher salt
- 2 matskedar socker
- 2 tsk svartpepparkorn, krossade
- 4 vitlöksklyftor, hackade
- 4 kvistar färsk timjan, hackad
- 4 kvistar färsk rosmarin, hackad

INSTRUKTIONER:

a) I en skål, kombinera salt, socker, krossade pepparkorn, hackad vitlök, hackad timjan och hackad rosmarin.
b) Gnid in blandningen över hela nötsteket, se till att det är jämnt belagt.
c) Lägg steken i en ziplock-påse och kyl i 7-10 dagar, vänd på den var 2-3 dag.
d) Efter härdningsperioden, ta ut steken ur påsen och skölj den under kallt vatten.
e) Klappa steken torr och linda in den tätt i ostduk eller muslin.
f) Häng den inslagna steken i ett svalt, välventilerat utrymme i 4-6 veckor för att torka.
g) När den har torkat kan bresaola skivas tunt och avnjutas som delikat, lufttorkat nötkött.

63.Chorizo

INGREDIENSER:
- 2 pund malet fläsk
- 4 matskedar rökt paprika
- 2 msk chilipulver
- 1 msk vitlökspulver
- 1 msk lökpulver
- 2 teskedar salt
- 2 tsk mald svartpeppar
- 1 tsk torkad oregano
- $\frac{1}{2}$ tsk malen spiskummin
- $\frac{1}{4}$ tesked cayennepeppar (valfritt)
- $\frac{1}{4}$ kopp rödvinsvinäger

INSTRUKTIONER:
a) I en skål, kombinera alla kryddor och blanda väl.
b) Tillsätt det malda fläsket och rödvinsvinägern i skålen och blanda tills kryddorna är jämnt fördelade.
c) Täck skålen och låt stå i kylen i 24-48 timmar så att smakerna smälter samman.
d) Forma chorizoblandningen till länkar eller biffar.
e) Koka chorizon i en stekpanna på medelvärme tills den är helt genomstekt, cirka 8-10 minuter, eller tills innertemperaturen når 160 °F (71 °C).
f) Servera chorizo i tacos, burritos eller som ett smakrikt tillskott till olika rätter.

64. Jamón

INGREDIENSER:
- 1 skinka med ben (gärna torkad och lagrad)
- Salt

INSTRUKTIONER:
a) Skölj skinkan under kallt vatten för att ta bort eventuella ytorenheter.
b) Torka skinkan med hushållspapper.
c) Gnid salt över hela skinkan, se till att den är jämnt belagd.
d) Häng skinkan på ett svalt, välventilerat utrymme i flera månader, beroende på skinkans storlek, tills den har torkat och härdat.
e) När skinkan har torkat kan den skivas tunt och avnjutas som den är eller användas i olika recept.

65. Culatello

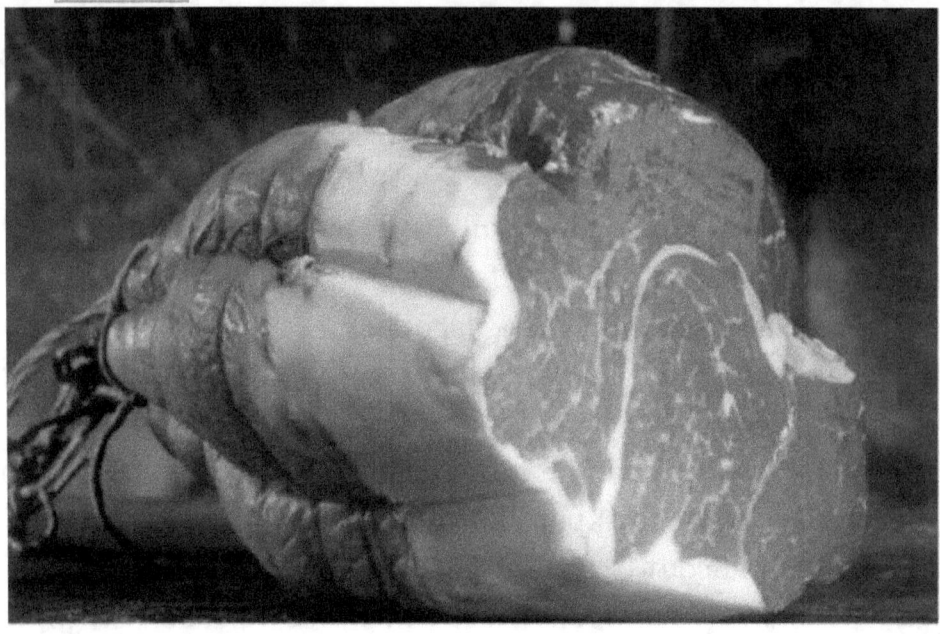

INGREDIENSER:
- 2 pund fläskkarré
- ¼ kopp kosher salt
- 2 matskedar socker
- 2 tsk svartpepparkorn, krossade
- 4 vitloksklyftor, hackade
- 4 kvistar färsk timjan, hackad
- 4 kvistar färsk rosmarin, hackad

INSTRUKTIONER:

a) I en skål, kombinera koshersalt, socker, krossade pepparkorn, hackad vitlök, hackad timjan och hackad rosmarin.
b) Gnid blandningen över hela sidfläsket, se till att den är jämnt belagd.
c) Lägg sidryggen i en ziplock-påse och ställ i kylen i 7-10 dagar, vänd på den varannan till var tredje dag.
d) Efter härdningen tar du bort sidfläskarna ur påsen och sköljer den under kallt vatten.
e) Torka av sidfläskarna och linda in den tätt i ostduk eller muslin.
f) Häng den inslagna fläskryggen i ett svalt, välventilerat utrymme i 2-3 månader för att torka.
g) När den torkat kan culatello skivas tunt och avnjutas som en delikatess.

66. Mortadella

INGREDIENSER:

- 2 pund malet fläsk
- ½ pund fläskfett, fint hackat
- ½ kopp pistagenötter, skalade och grovt hackade
- ¼ kopp tärnad prosciutto eller kokt skinka
- ¼ kopp riven parmesanost
- 2 matskedar salt
- 1 matsked socker
- 1 msk mald svartpeppar
- 1 tsk vitlökspulver
- ½ tsk mald koriander
- ¼ tesked mald muskotnöt
- ¼ tesked mald kryddpeppar
- ¼ tesked rosa salt (Pragpulver #1)
- ½ kopp isvatten

INSTRUKTIONER:

a) I en skål, kombinera malet fläsk, fläskfett, pistagenötter, tärnad prosciutto, parmesanost, salt, socker, svartpeppar, vitlökspulver, koriander, muskotnöt, kryddpeppar och rosa salt.
b) Blanda ingredienserna noggrant tills de är väl blandade.
c) Tillsätt långsamt isvattnet till blandningen, fortsätt att blanda tills det är väl införlivat.
d) Fyll blandningen i höljen, se till att det inte finns några luftfickor.
e) Pochera den fyllda mortadellan i sjudande vatten eller ånga den tills den når en innertemperatur på 160°F (71°C).
f) Låt mortadellan svalna helt innan du skivar och njuter.

67. Bacon

INGREDIENSER:

- 4 pund fläskmage
- ½ kopp kosher salt
- 2 matskedar socker
- 2 msk mald svartpeppar
- 2 msk malda enbär
- 2 msk mald koriander
- 1 msk mald muskotnöt
- 1 msk mald kanel
- 1 msk vitlökspulver
- 1 msk rosa salt (Pragpulver #1)

INSTRUKTIONER:

a) Kombinera koshersalt, socker, svartpeppar, malda enbär, mald koriander, mald muskotnöt, mald kanel, vitlökspulver och rosa salt i en skål.
b) Gnid blandningen över hela fläskbuken, se till att den är jämnt belagd.
c) Lägg fläskmagen i en stor ziplock-påse och ställ i kylen i 7-10 dagar, vänd den varannan till var tredje dag.
d) Efter härdningsperioden, ta bort fläskmagen från påsen och skölj den under kallt vatten.
e) Torka fläskköttet torrt med hushållspapper.
f) Värm ugnen till 175°F (80°C).
g) Häng fläskmagen i ett svalt, välventilerat utrymme i 2-3 veckor för att lufttorka.
h) När den har torkat kan fläcken skivas tunt och avnjutas.

68. Nduja

INGREDIENSER:

- 1 pund fläskaxel, tärnad
- ½ pund fläsk, tärnad
- 3 matskedar paprika
- 2 msk kalabrisk chilipasta eller krossade rödpepparflingor
- 2 matskedar kosher salt
- 1 matsked socker
- 1 tsk fänkålsfrön, krossade
- 1 tsk svartpepparkorn, krossade

INSTRUKTIONER:

a) I en skål kombinerar du den tärnade fläskaxeln, tärnad fläskfett, paprika, kalabrisk chilipasta eller krossade rödpepparflingor, koshersalt, socker, krossade fänkålsfrön och krossade svartpepparkorn.

b) Blanda ingredienserna noggrant tills de är väl blandade.

c) Mal blandningen i köttkvarn eller matberedare tills den får en slät konsistens.

d) Överför blandningen till en steriliserad burk eller behållare och kyl i minst 24 timmar så att smakerna kan utvecklas.

e) Nduja kan avnjutas bred på bröd eller användas som ett smakrikt tillskott till olika rätter.

69. Sobrasada

INGREDIENSER:
- 1 pund malet fläsk
- ¼ kopp paprika
- 1 matsked kosher salt
- 1 tsk krossade rödpepparflingor
- 1 tsk mald svartpeppar
- 1 tsk malen spiskummin
- ½ tsk mald kanel
- ¼ tesked mald kryddnejlika
- ¼ tesked mald muskotnöt

INSTRUKTIONER:
a) I en skål, kombinera malet fläsk, paprika, koshersalt, krossade rödpepparflingor, svartpeppar, spiskummin, kanel, kryddnejlika och muskotnöt.
b) Blanda ingredienserna noggrant tills de är väl blandade.
c) Överför blandningen till en stekpanna och koka på medelhög värme, rör om ofta, tills fläsket är genomstekt och smakerna smälter, cirka 15-20 minuter.
d) Låt sobrasada svalna något innan du överför den till steriliserade burkar eller behållare.
e) Kyl sobrasadan i minst 24 timmar så att smakerna kan utvecklas.
f) Sobrasada kan avnjutas utspridda på bröd, användas som topping för pizza eller ingå i olika rätter.

70. Culaccia

INGREDIENSER:

- 2 pund fläskkarré
- ¼ kopp kosher salt
- 2 matskedar socker
- 2 tsk svartpepparkorn, krossade
- 4 vitlöksklyftor, hackade
- 4 kvistar färsk timjan, hackad
- 4 kvistar färsk rosmarin, hackad

INSTRUKTIONER:

a) I en skål, kombinera koshersalt, socker, krossade pepparkorn, hackad vitlök, hackad timjan och hackad rosmarin.

b) Gnid blandningen över hela sidfläsket, se till att den är jämnt belagd.

c) Lägg sidryggen i en ziplock-påse och ställ i kylen i 7-10 dagar, vänd på den varannan till var tredje dag.

d) Efter härdningen tar du bort sidfläskarna ur påsen och sköljer den under kallt vatten.

e) Torka av sidfläskarna och linda in den tätt i ostduk eller muslin.

f) Häng den inslagna fläskryggen i ett svalt, välventilerat utrymme i 2-3 månader för att torka.

g) När den har torkat kan culaccia skivas tunt och avnjutas som en delikatess.

71. Lonza

INGREDIENSER:

- 2 pund fläskkarré
- ¼ kopp kosher salt
- 2 matskedar socker
- 2 tsk svartpepparkorn, krossade
- 4 vitloksklyftor, hackade
- 4 kvistar färsk timjan, hackad
- 4 kvistar färsk rosmarin, hackad

INSTRUKTIONER:

a) I en skål, kombinera koshersalt, socker, krossade pepparkorn, hackad vitlök, hackad timjan och hackad rosmarin.

b) Gnid blandningen över hela sidfläsket, se till att den är jämnt belagd.

c) Lägg sidryggen i en ziplock-påse och ställ i kylen i 7-10 dagar, vänd på den varannan till var tredje dag.

d) Efter härdningen tar du bort sidfläskarna ur påsen och sköljer den under kallt vatten.

e) Klappa sidfläskarna torr och häng den i ett svalt, välventilerat utrymme i 2-3 månader för att lufttorka.

f) När den har torkat kan lonza skivas tunt och avnjutas.

72.Bierwurst

INGREDIENSER:
- 2 pund magert fläsk (som fläskaxel), i tärningar
- ½ pund fläsk, i tärningar
- ½ kopp isvatten
- 2 matskedar kosher salt
- 2 matskedar socker
- 2 tsk mald vitpeppar
- 1 tsk mald koriander
- ½ tesked mald muskotnöt
- ½ tesked mald ingefära
- ½ tesked mald muskotblomma
- ¼ tesked rosa salt (Pragpulver #1)
- Naturliga svintarmen

INSTRUKTIONER:
a) I en skål kombinerar du det tärnade fläsket, det tärnade fläsket, isvatten, koshersalt, socker, vitpeppar, koriander, muskotnöt, ingefära, muskotblomma och rosa salt.
b) Mal blandningen genom en köttkvarn med hjälp av en medelstor slipplatta.
c) Fyll den malda blandningen i naturliga svintarm och bilda korvar av önskad storlek.
d) Vrid korvarna med jämna mellanrum för att skapa individuella länkar.
e) Pochera korvarna i sjudande vatten tills de når en innertemperatur på 160°F (71°C).
f) När den är tillagad kan Bierwursten avnjutas grillad, stekt i pannan eller användas i olika recept.

73. Kabanos

INGREDIENSER:
- 2 pund magert fläsk (som fläskaxel), i tärningar
- ½ pund fläsk, i tärningar
- ¼ kopp isvatten
- 2 matskedar kosher salt
- 2 matskedar paprika
- 1 msk mald svartpeppar
- 1 msk vitlökspulver
- 1 msk senapsfrön
- 1 msk mald koriander
- ½ tesked rosa salt (Pragpulver #1)
- Naturliga svintarmen

INSTRUKTIONER:
a) I en skål kombinerar du det tärnade fläsket, det tärnade fläsket, isvatten, koshersalt, paprika, svartpeppar, vitlökspulver, senapsfrön, mald koriander och rosa salt.
b) Mal blandningen genom en köttkvarn med hjälp av en medelstor slipplatta.
c) Fyll den malda blandningen i naturliga svintarm och bilda korvar av önskad storlek.
d) Vrid korvarna med jämna mellanrum för att skapa individuella länkar.
e) Häng korvarna på ett svalt, välventilerat utrymme i 24-48 timmar för att torka.
f) När de torkat kan Kabanos avnjutas som ett smakrikt mellanmål eller användas i olika recept.

74. Lonzino

INGREDIENSER:

- 2 pund fläskfilé
- ¼ kopp kosher salt
- 2 matskedar socker
- 2 tsk mald svartpeppar
- 2 tsk torkad timjan
- 2 tsk torkad rosmarin
- 2 tsk torkad salvia
- 2 tsk fänkålsfrön, krossade
- 1 tsk rosa salt (Pragpulver #1)

INSTRUKTIONER:

a) I en skål, kombinera koshersalt, socker, svartpeppar, torkad timjan, torkad rosmarin, torkad salvia, krossade fänkålsfrön och rosa salt.
b) Gnid blandningen över hela fläskfilén, se till att den är jämnt belagd.
c) Lägg fläskfilén i en ziplock-påse och ställ i kylen i 7-10 dagar, vänd på den var 2-3 dag.
d) Efter härdningen tar du bort fläskfilén ur påsen och sköljer den under kallt vatten.
e) Klappa fläskfilén torr med hushållspapper.
f) Häng fläskfilén på ett svalt, välventilerat utrymme i 2-3 veckor för att lufttorka.
g) När den har torkat kan lonzino skivas tunt och avnjutas som en delikatess.

75. Kulan

INGREDIENSER:
- 2 pund fläskaxel, i tärningar
- ½ pund fläsk, i tärningar
- 4 vitlöksklyftor, hackade
- 2 matskedar paprika
- 2 msk mald svartpeppar
- 2 matskedar kosher salt
- 2 teskedar socker
- 2 tsk malen cayennepeppar
- 2 tsk malen spiskummin
- 2 tsk torkad oregano
- 2 tsk paprika
- 1 tsk mald koriander
- Naturliga svintarmen

INSTRUKTIONER:
a) I en skål, kombinera den tärnade fläskaxeln, tärnad fläskfläsk, hackad vitlök, paprika, svartpeppar, koshersalt, socker, cayennepeppar, spiskummin, torkad oregano, paprika och mald koriander.
b) Passera blandningen genom en köttkvarn med hjälp av en medelstor slipplatta.
c) Fyll den malda blandningen i naturliga svintarm och bilda korvar av önskad storlek.
d) Vrid korvarna med jämna mellanrum för att skapa individuella länkar.
e) Häng korvarna i ett svalt, välventilerat utrymme i 24 timmar så att smakerna kan utvecklas.
f) Förvärm en rökare till 180°F (82°C) och tillsätt önskade rökflis eller bitar.

g) Rök kulenkorvarna i rökaren i cirka 4-6 timmar, eller tills de når en innertemperatur på 160°F (71°C).

h) När de har rökts kan kulenkorvarna avnjutas grillade, stekta i pannan eller användas i olika recept.

76.Ciauscolo

INGREDIENSER:

- 2 pund fläskaxel, i tärningar
- ½ pund fläsk, i tärningar
- 4 vitlöksklyftor, hackade
- 2 msk rött vin
- 2 matskedar kosher salt
- 2 tsk mald svartpeppar
- 2 tsk malda fänkålsfrön
- 2 tsk mald koriander
- 2 tsk torkad timjan
- 2 tsk torkad rosmarin
- 1 tsk mald muskotnöt
- Naturliga svintarmen

INSTRUKTIONER:

a) I en skål, kombinera den tärnade fläskaxeln, tärnad fläsk, hackad vitlök, rött vin, koshersalt, svartpeppar, malda fänkålsfrön, mald koriander, torkad timjan, torkad rosmarin och mald muskotnöt.

b) Passera blandningen genom en köttkvarn med hjälp av en medelstor slipplatta.

c) Fyll den malda blandningen i naturliga svintarm och bilda korvar av önskad storlek.

d) Vrid korvarna med jämna mellanrum för att skapa individuella länkar.

e) Häng korvarna i ett svalt, välventilerat utrymme i 24 timmar så att smakerna kan utvecklas.

f) Ciauscolo kan avnjutas som bredbar salami. För att servera, skiva tunna bitar och bred dem på knaprigt bröd eller kex.

77. Kunchiang

INGREDIENSER:

- 1 pund malet fläsk
- ¼ kopp kokt klibbigt ris
- 2 msk finhackad vitlök
- 2 msk hackad schalottenlök
- 2 msk hackat citrongräs (endast den vita delen)
- 2 msk hackade färska korianderrötter (koriander).
- 2 msk hackad galangal
- 1 msk palmsocker eller farinsocker
- 1 msk fisksås
- 1 msk sojasås
- 1 tsk mald vitpeppar
- 1 tsk mald koriander
- 1 tsk malen spiskummin
- ½ tsk salt
- Naturliga korvtarm (valfritt)

INSTRUKTIONER:

a) Om du använder naturliga korvtarm, blötlägg dem i varmt vatten enligt anvisningarna på förpackningen för att mjuka upp dem.

b) Slå det kokta klibbiga riset i en mortel och mortelstöt tills det blir ett fint pulver. Avsätta.

c) I en stor skål, kombinera malet fläsk, hackad vitlök, hackad schalottenlök, hackat citrongräs, hackade korianderrötter, hackad galangal, palmsocker, fisksås, sojasås, mald vitpeppar, mald koriander, mald spiskummin och salt. Blanda väl, se till att ingredienserna är jämnt blandade.

d) Om du använder höljen, trä försiktigt ena änden av höljet på ett korvfyllningsrör, lämna lite överhäng. Tryck på det återstående höljet på röret och se till att det är jämnt fördelat.

e) Stoppa in korvblandningen i höljena, fyll dem ordentligt men inte överfyllda. Vrid korvarna med jämna mellanrum för att skapa individuella länkar.

f) Om du inte använder tarmar, forma korvblandningen till biffar eller stockar.

g) När de har formats, låt korvarna stå i rumstemperatur i cirka 2 timmar så att jäsningsprocessen kan starta. Under denna tid kan du se en liten svullnad eller bubblande på ytan av korvarna.

h) Efter den inledande jäsningsperioden, placera korvarna i en varm och fuktig miljö för vidare jäsning. Ett temperaturområde på 90°F till 100°F (32°C till 38°C) med hög luftfuktighet är idealiskt. Du kan använda en jäsningskammare eller ett varmt och fuktigt område i ditt kök.

i) Låt korvarna jäsa i 24 till 48 timmar, beroende på önskad jäsningsnivå. Korvarna ska utveckla en lätt syrlig och fermenterad smak under denna tid.

j) Efter jäsningen är korvarna redo att tillagas. Du kan grilla dem, steka dem i pannan eller ånga dem tills de är genomstekta.

k) När den är tillagad, servera kunchiangen varm som ett mellanmål eller en del av en måltid. Det avnjuts vanligtvis med klibbigt ris, färska grönsaker och kryddiga dippsåser.

CHARCUTERY NÖTKÖT

78. Lufttorkad Bresaola

INGREDIENSER:
- 2 pund nötkött öga av rund stek
- ½ kopp kosher salt
- ¼ kopp socker
- 2 msk svartpepparkorn, krossade
- 1 msk enbär, krossade
- 1 msk torkad timjan
- 1 msk torkad rosmarin
- 4 lagerblad, krossade
- ¼ kopp rött vin

INSTRUKTIONER:
a) I en skål, kombinera koshersalt, socker, krossade svartpepparkorn, krossade enbär, torkad timjan, torkad rosmarin och krossade lagerblad.

b) Gnid blandningen jämnt på nötköttsögat av den runda steken, se till att alla sidor är belagda.

c) Ringla det röda vinet över steken för att hjälpa den härdande blandningen att fästa.

d) Lägg den kryddade steken i en stor återförslutningsbar påse eller slå in den tätt i plastfolie.

e) Kyl i 7-10 dagar, vänd steken varannan dag för att fördela den härdande blandningen jämnt.

f) Efter härdningsperioden, ta bort steken från påsen och skölj den under kallt vatten för att ta bort överflödigt salt och krydda.

g) Torka steken torr med hushållspapper och häng den i ett svalt, välventilerat utrymme i 3-4 veckor, låt den lufttorka och utveckla sin karakteristiska smak.

h) När bresaolan är torr är den redo att skivas tunt och avnjutas som delikat chark.

79. Wagyu Beef Bresaola

INGREDIENSER:
- 2 pund Wagyu beef eye runda eller liknande magra snitt, tunt skivade
- ¼ kopp kosher salt
- 2 matskedar socker
- 2 tsk mald svartpeppar
- 2 tsk torkad timjan
- 2 tsk torkad rosmarin
- 2 tsk torkade enbär, krossade
- 1 tsk rosa salt (Pragpulver #1)

INSTRUKTIONER:
a) I en skål, kombinera koshersalt, socker, svartpeppar, torkad timjan, torkad rosmarin, krossade enbär och rosa salt.

b) Gnid blandningen över hela Wagyu-biffskivorna, se till att de är jämnt belagda.

c) Lägg nötköttskivorna i en ziplock-påse och ställ i kylen i 7-10 dagar, vänd dem var 2-3 dag.

d) Ta nötköttsskivorna ur påsen och skölj dem under kallt vatten efter härdningen.

e) Torka nötköttskivorna med hushållspapper.

f) Häng nötköttskivorna på ett svalt, välventilerat utrymme i 2-3 veckor för att lufttorka.

g) Efter att ha torkat kan Wagyu nötkött bresaola tunt skivas och avnjutas som en delikatess.

80. Corned Beef

INGREDIENSER:
- 4 pund oxbringa
- 1 kopp kosher salt
- ½ kopp socker
- 2 matskedar rosa salt (Pragpulver #1)
- 4 vitlöksklyftor, hackade
- 2 msk pickling krydda
- Vatten, tillräckligt för att täcka bringan

INSTRUKTIONER:
a) I en stor gryta, kombinera koshersalt, socker, rosa salt, hackad vitlök och pickling krydda.
b) Tillsätt tillräckligt med vatten i grytan för att täcka nötköttet.
c) Koka upp blandningen, rör om tills salterna och sockret lösts upp.
d) Ta kastrullen från värmen och låt saltlaken svalna till rumstemperatur.
e) Placera oxbringa i en stor behållare eller ziplock-påse och häll den kylda saltlaken över den.
f) Se till att bringan är helt nedsänkt i saltlaken, täck eller förslut sedan behållaren/påsen.
g) Kyl bringan i saltlaken i 5-7 dagar, vänd på den var 2-3 dag.
h) Efter härdningsperioden, ta bort bringan från saltlaken och skölj den under kallt vatten.
i) Koka corned beef genom att sjuda i en kastrull med vatten tills den är mör.
j) Corned beef kan skivas och serveras som huvudrätt eller användas i smörgåsar.

81. Bündnerfleisch

INGREDIENSER:

- 2 pund nötköttsögon runda eller liknande magra snitt, tunt skivade
- ¼ kopp kosher salt
- 2 matskedar socker
- 2 tsk mald svartpeppar
- 1 tsk malda enbär
- 1 tsk mald koriander
- 1 tsk mald kryddnejlika
- 1 tsk mald muskotnöt
- ½ tesked rosa salt (Pragpulver #1)
- ½ dl vitt vin

INSTRUKTIONER:

a) I en skål, kombinera koshersalt, socker, svartpeppar, malda enbär, mald koriander, mald kryddnejlika, mald muskotnöt och rosa salt.

b) Gnid blandningen över nötköttskivorna, se till att de är jämnt belagda.

c) Lägg nötköttskivorna i en ziplockpåse och ställ i kylen i 24 timmar så att smakerna kan utvecklas.

d) Ta nötköttsskivorna ur påsen och skölj dem under kallt vatten efter härdningen.

e) Torka nötköttskivorna med hushållspapper.

f) Värm ugnen till 175°F (80°C).

g) Lägg nötköttsskivorna på ett galler över ett bakplåtspapper.

h) Ringla det vita vinet över biffskivorna.

i) Tillaga nötköttskivorna i den förvärmda ugnen i 2-3 timmar, eller tills de har torkat och fått en fast konsistens.

j) När Bündnerfleisch har torkat kan den skivas tunt och avnjutas som en delikatess.

82. Pastrami

INGREDIENSER:
- 4 pund oxbringa
- ½ kopp kosher salt
- ¼ kopp socker
- 2 msk svartpepparkorn, krossade
- 2 msk korianderfrön, krossade
- 1 msk senapsfrön
- 1 matsked paprika
- 1 msk vitlökspulver
- 1 tsk lökpulver
- 1 tsk rosa salt (Pragpulver #1)

INSTRUKTIONER:

a) I en skål, kombinera koshersalt, socker, krossade pepparkorn, krossade korianderfrön, senapsfrön, paprika, vitlökspulver, lökpulver och rosa salt.

b) Gnid blandningen över hela oxbringan, se till att den är jämnt belagd.

c) Lägg bringan i en ziplock-påse och ställ i kylen i 7-10 dagar, vänd på den var 2-3 dag.

d) Efter härdningsperioden, ta bort bringan från påsen och skölj den under kallt vatten.

e) Klappa bringan torr och låt den lufttorka i kylen i 12-24 timmar.

f) Förvärm rökaren till den rekommenderade temperaturen och rök bringan tills den når en innertemperatur på 200°F (93°C).

g) Låt pastramin svalna innan du skär den tunt.

83. Biltong

INGREDIENSER:
- 2 pund nötkött (som topprund eller silverside), tunt skivad
- ¼ kopp kosher salt
- 2 msk mald koriander
- 2 msk mald svartpeppar
- 1 msk farinsocker
- 1 tsk paprika
- 1 tsk vitlökspulver
- 1 tsk lökpulver
- ½ tesked bakpulver
- Vinäger (som vit- eller äppelcidervinäger), för sköljning

INSTRUKTIONER:
a) I en skål, kombinera koshersalt, mald koriander, mald svartpeppar, farinsocker, paprika, vitlökspulver, lökpulver och bakpulver.
b) Gnid blandningen över nötköttskivorna, se till att de är jämnt belagda.
c) Lägg nötköttskivorna i en ziplockpåse och låt stå i kylen i 24 timmar för att marinera.
d) Efter marineringsperioden, ta bort köttskivorna från påsen och skölj dem under vinäger för att ta bort överflödigt salt.
e) Torka nötköttskivorna med hushållspapper.
f) Häng nötköttskivorna i ett svalt, välventilerat utrymme i 3-7 dagar för att lufttorka, beroende på önskad konsistens.
g) När den har torkat kan biltong skivas tunt och avnjutas som mellanmål.

84. Biff Pancetta

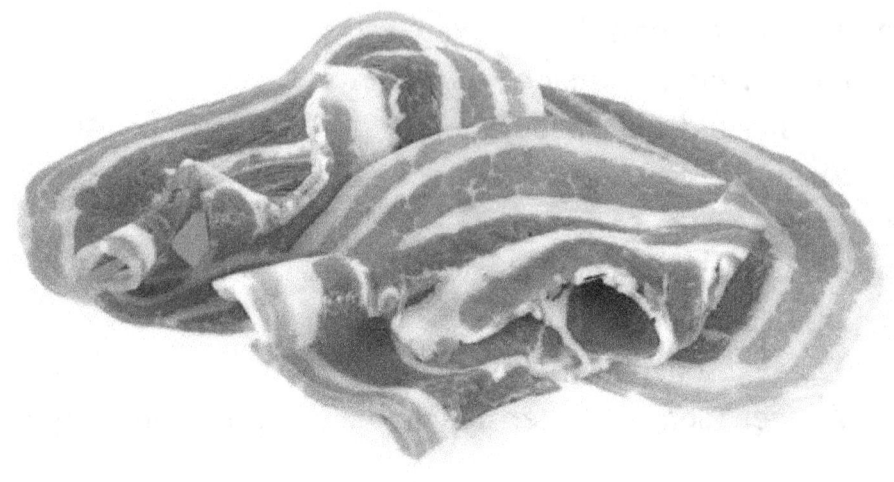

INGREDIENSER:

- 2 pund biff mage eller flankstek
- ¼ kopp kosher salt
- 2 matskedar socker
- 2 tsk svartpepparkorn, krossade
- 4 vitlöksklyftor, hackade
- 4 kvistar färsk timjan, hackad
- 4 kvistar färsk rosmarin, hackad
- 1 tsk rosa salt (Pragpulver #1)

INSTRUKTIONER:

a) I en skål, kombinera koshersalt, socker, krossade pepparkorn, hackad vitlök, hackad timjan, hackad rosmarin och rosa salt.

b) Gnid blandningen över hela nötköttsmagen eller flankstek, se till att den är jämnt belagd.

c) Lägg nötköttet i en ziplock-påse och kyl i 7-10 dagar, vänd på det var 2-3 dag.

d) Efter härdningsperioden tar du ut köttet ur påsen och sköljer det under kallt vatten.

e) Klappa nötköttet torrt och linda in det tätt i ostduk eller muslin.

f) Häng det inslagna nötköttet på ett svalt, välventilerat utrymme i 2-3 veckor för att torka.

g) När den har torkat kan biffpancetta skäras tunt och användas i en mängd olika rätter.

85. Biff salami

INGREDIENSER:

- 4 pund nötfärs
- ½ pund nötköttsfett, fint hackat
- ¼ kopp kosher salt
- 2 matskedar socker
- 2 tsk svartpepparkorn, krossade
- 2 tsk fänkålsfrön
- 2 tsk paprika
- 2 tsk vitlökspulver
- 1 tsk rosa salt (Pragpulver #1)
- Skär höljen

INSTRUKTIONER:

a) I en skål, kombinera köttfärs, hackat nötköttsfett, koshersalt, socker, krossade pepparkorn, fänkålsfrön, paprika, vitlökspulver och rosa salt.
b) Blanda ingredienserna noggrant tills de är väl blandade.
c) Fyll blandningen i svintarm och knyt ändarna.
d) Häng korvarna på ett svalt, välventilerat utrymme i 2-3 dagar för att torka och utveckla smak.
e) Förvärm rökaren till den rekommenderade temperaturen och rök salamin tills den når en innertemperatur på 150°F (65°C).
f) Låt salamin svalna helt innan du skivar och njuter.

86. Bologna

INGREDIENSER:

- 2 pund nötfärs
- ½ pund malet fläsk
- ¼ kopp kosher salt
- ¼ kopp socker
- 2 tsk mald svartpeppar
- 2 tsk vitlökspulver
- 2 teskedar lökpulver
- 2 tsk paprika
- 1 tsk rosa salt (Pragpulver #1)
- ½ tsk mald koriander
- ½ tsk mald senap
- ½ tesked mald muskotnöt
- Naturligt nötköttsbunghölje (om så önskas)

INSTRUKTIONER:

a) I en stor skål, kombinera nötfärs, malet fläsk, koshersalt, socker, svartpeppar, vitlökspulver, lökpulver, paprika, rosa salt, koriander, mald senap och muskotnöt. Blanda väl så att kryddorna fördelas jämnt i köttet.

b) Om du använder naturligt nötköttshölje, blötlägg det i varmt vatten enligt anvisningarna på förpackningen för att mjuka upp det.

c) Förbered din korvstoppare enligt tillverkarens instruktioner. Har du ingen korvstoppare kan du forma bolognablandningen till en limpa istället.

d) Om du använder hölje, trä försiktigt ena änden av höljet på korvpåfyllningsröret, lämna lite överhäng. Tryck på det återstående höljet på röret och se till att det är jämnt fördelat.

e) Stoppa bolognablandningen i höljet eller forma den till en limpa, se till att ta bort eventuella luftfickor och se till att fyllningen blir jämn. Om du gör en limpa, forma den tätt och linda in den i aluminiumfolie.

f) Om du använder hölje, bind av ändarna av bolognaen med köksgarn, skapa en ögla i ena änden för upphängning.

g) Om du vill bota bolognaen för extra smak, häng upp bolognaen på en sval, torr plats, till exempel ett kylskåp, i 24 till 48 timmar. Detta gör att smakerna smälter ihop och bolognaen får en djupare smak. Se till att lämna lite utrymme mellan bologna och tillåt luftcirkulation.

h) Efter härdningsperioden, förvärm ugnen till 325°F (165°C).

i) Lägg bolognaen på en bakplåtspappersklädd plåt eller i en brödform om du formade den till en limpa. Om du använder en brödform, ta bort aluminiumfolien.

j) Grädda bolognaen i den förvärmda ugnen i cirka 1 ½ till 2 timmar, eller tills innertemperaturen når 160 °F (71 °C). Om du formar den till en limpa kan tillagningstiden bli något längre.

k) När den är tillagad, ta bort bolognaen från ugnen och låt den svalna innan den skärs i skivor.

l) Konserverad bologna kan serveras kall eller lätt stekt i pannan. Skiva den och använd den i smörgåsar, sallader eller njut av den på egen hand.

CHARCUTERIER FJÄDERFÄ

87. Anka Prosciutto

INGREDIENSER:
- 4 ankbröst
- ¼ kopp kosher salt
- 2 matskedar socker
- 1 msk svartpepparkorn, krossade
- 4 kvistar färsk timjan
- 4 lagerblad

INSTRUKTIONER:

a) I en skål, kombinera koshersalt, socker, krossade svartpepparkorn, färska timjanblad och krossade lagerblad.
b) Lägg ankbrösten i en grund form och gnid blandningen jämnt på köttet, se till att alla sidor är belagda.
c) Stapla de kryddade ankbrösten ovanpå varandra, täck skålen och ställ i kylen i 24-48 timmar, låt köttet stelna och utveckla smak.
d) Efter härdningsperioden, ta bort ankbrösten från skålen och skölj dem under kallt vatten för att ta bort överflödigt salt och krydda.
e) Klappa ankbrösten torra med hushållspapper och linda in varje bröst tätt i ostduk, fäst ändarna med hushållssnöre.
f) Häng de inslagna ankbrösten i ett svalt, välventilerat utrymme i 1-2 veckor, låt dem lufttorka och utveckla sin karakteristiska smak.
g) När ankprosciutton har torkat, ta bort ostduken, skiva köttet tunt och njut av den delikata, botade smaken av denna gourmetgodis.

88. Ducka honom

INGREDIENSER:

- 2 ankbröst
- ¼ kopp kosher salt
- 2 matskedar socker
- 2 tsk mald svartpeppar
- 2 tsk torkad timjan
- 2 tsk torkad rosmarin
- 2 tsk torkade enbär, krossade
- 1 tsk rosa salt (Pragpulver #1)

INSTRUKTIONER:

a) I en skål, kombinera koshersalt, socker, svartpeppar, torkad timjan, torkad rosmarin, krossade enbär och rosa salt.
b) Gnid blandningen över hela ankbrösten, se till att de är jämnt belagda.
c) Lägg ankbrösten i en ziplock-påse och ställ i kylen i 24-48 timmar.
d) Efter härdningsperioden tar du ut ankbrösten ur påsen och sköljer dem under kallt vatten.
e) Klappa ankbrösten torra med hushållspapper.
f) Värm ugnen till 175°F (80°C).
g) Lägg ankbrösten på ett galler över ett bakplåtspapper.
h) Tillaga ankbrösten i den förvärmda ugnen i 2-3 timmar, eller tills de når en innertemperatur på 165°F (74°C).
i) När de är kokta, låt ankbrösten svalna innan du skivar dem tunt för att avnjutas som ankskinka.

89. Kyckling Pastrami

INGREDIENSER:
- 2 benfria, skinnfria kycklingbröst
- ¼ kopp kosher salt
- 2 matskedar socker
- 2 tsk svartpepparkorn, krossade
- 1 tsk korianderfrön, krossade
- 1 tsk senapsfrön
- 1 tsk paprika
- ½ tsk vitlökspulver
- ½ tsk lökpulver

INSTRUKTIONER:
a) I en skål, kombinera koshersalt, socker, krossade pepparkorn, krossade korianderfrön, senapsfrön, paprika, vitlökspulver och lökpulver.
b) Gnid blandningen över hela kycklingbrösten, se till att de är jämnt belagda.
c) Lägg kycklingbrösten i en ziplock-påse och ställ i kylen i 24-48 timmar.
d) Efter härdningsperioden tar du ut kycklingbrösten ur påsen och sköljer dem under kallt vatten.
e) Klappa kycklingbrösten torra och linda in dem tätt i ostduk eller muslin.
f) Kyl de inslagna kycklingbrösten i ytterligare 24-48 timmar för att vidareutveckla smakerna.
g) När kycklingpastram har bottnat kan den skivas tunt och avnjutas i smörgåsar eller som en del av ett charkfat.

90. Kalkonbacon

INGREDIENSER:

- 2 pund kalkonbröst, utan skinn och ben
- ¼ kopp kosher salt
- 2 matskedar socker
- 1 msk svartpepparkorn, krossade
- 1 msk torkad timjan
- 1 msk rökt paprika
- 1 tsk vitlökspulver
- ½ tesked rosa salt (Pragpulver #1)

INSTRUKTIONER:

a) Kombinera koshersalt, socker, krossade pepparkorn, torkad timjan, rökt paprika, vitlökspulver och rosa salt i en skål.

b) Gnid blandningen över hela kalkonbröstet, se till att det är jämnt belagt.

c) Lägg kalkonbröstet i en ziplock-påse och ställ i kylen i 5-7 dagar, vänd på det varje dag.

d) Efter härdningsperioden, ta bort kalkonbröstet ur påsen och skölj det under kallt vatten.

e) Klappa kalkonbröstet torrt och låt det lufttorka i kylen i 12-24 timmar.

f) Värm ugnen till 175°F (80°C) eller lägsta möjliga temperatur.

g) Rök kalkonbröstet i en rökare eller baka det i den förvärmda ugnen tills det når en innertemperatur på 150°F (65°C).

h) Låt kalkonbaconet svalna helt innan du skivar det och använder det som ett smakrikt alternativ till traditionellt bacon.

91.Kycklingkorv

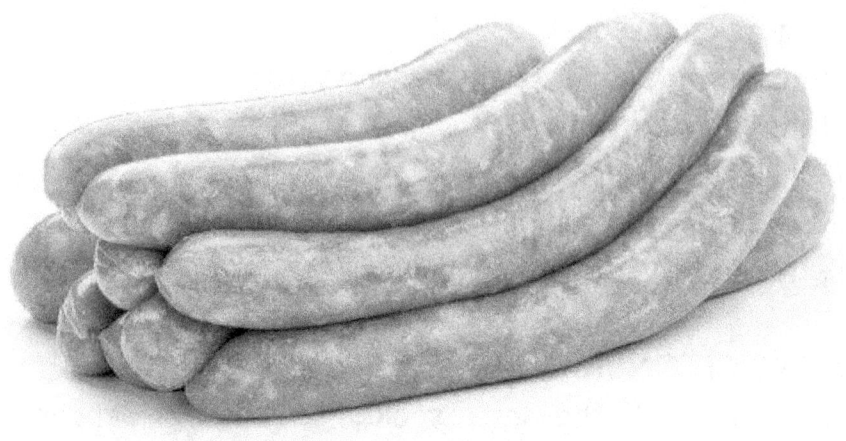

INGREDIENSER:

- 2 pund mald kyckling
- 2 tsk kosher salt
- 1 tsk mald svartpeppar
- 1 tsk paprika
- 1 tsk vitlökspulver
- 1 tsk torkad timjan
- ½ tesked torkad salvia
- ½ tesked torkad rosmarin
- ½ tsk fänkålsfrön (valfritt)
- Naturliga korvtarm (om så önskas)

INSTRUKTIONER:

a) I en stor skål, kombinera malen kyckling, kosher salt, svartpeppar, paprika, vitlökspulver, timjan, salvia, rosmarin och fänkålsfrön. Blanda väl så att kryddorna fördelas jämnt i köttet.

b) Om du använder naturliga korvtarm, blötlägg dem i varmt vatten enligt anvisningarna på förpackningen för att mjuka upp dem.

c) Förbered din korvstoppare enligt tillverkarens instruktioner. Om du inte har en korvstoppare kan du forma korvblandningen till biffar istället.

d) Om du använder höljen, trä försiktigt ena änden av höljet på korvpåfyllningsröret, lämna lite överhäng. Tryck på det återstående höljet på röret och se till att det är jämnt fördelat.

e) Stoppa in kycklingblandningen i höljena eller forma den till biffar, se till att ta bort eventuella luftfickor och se till att fyllningen blir jämn. Vrid korvarna med jämna mellanrum för att skapa individuella länkar.

f) Om du använder tarmar, bind av änden av korvarna med köksgarn när du har nått önskad längd. Om du gör biffar, lägg dem på en plåt klädd med bakplåtspapper.

g) Om du planerar att laga korvarna omedelbart kan du gå vidare till nästa steg. Men om du vill bota korvarna för extra smak, placera dem på en sval, torr plats, till exempel ett kylskåp, i 24 till 48 timmar. Detta gör att smakerna smälter samman och korvarna får en djupare smak. Se till att lämna lite utrymme mellan korvarna för att tillåta luftcirkulation.

h) När du är redo att laga mat kan du antingen grilla, steka i pannan eller baka korvarna. Om du grillar eller steker i pannan, tillaga på medelvärme tills korvarna är helt genomstekta och når en innertemperatur på 165 °F (74 °C). Om du bakar, förvärm ugnen till 375°F (190°C) och grädda korvarna i cirka 20-25 minuter eller tills de är helt genomstekta.

i) När de är tillagade, servera de kokta kycklingkorvarna varma med dina favorittillbehör eller använd dem i olika rätter som pasta, smörgåsar eller frukostrecept.

j) Njut av dina hemmagjorda charkuterierad kycklingkorv!

92. Corned kyckling

INGREDIENSER:
- 2 pund kycklingbitar (som bröst, lår eller en hel kyckling skuren i bitar)
- 4 koppar vatten
- ½ kopp kosher salt
- ¼ kopp socker
- 2 msk pickling kryddor (en blandning av pepparkorn, senapsfrön, korianderfrön, dillfrön och lagerblad)
- 2 vitlöksklyftor, hackade
- 1 tsk hela svartpepparkorn
- 1 tsk senapsfrön

INSTRUKTIONER:
a) I en stor gryta, kombinera vatten, koshersalt, socker, syltkryddor, hackad vitlök, svartpepparkorn och senapsfrön. Rör om väl tills saltet och sockret lösts upp.
b) Lägg till kycklingbitarna i grytan, se till att de är helt nedsänkta i saltlaken. Om det behövs kan du tynga ner dem med en tallrik eller ett tungt föremål för att hålla dem under vatten.
c) Täck grytan och ställ i kylen i minst 48 timmar, eller upp till 72 timmar för en starkare smak. Under denna tid, vänd kycklingbitarna då och då för att säkerställa jämn saltlake.
d) Efter saltningsperioden tar du bort kycklingbitarna från saltlaken och sköljer dem noggrant under kallt vatten för att ta bort överflödigt salt och kryddor.
e) Lägg den sköljda kycklingen i en stor gryta och tillsätt tillräckligt med färskvatten för att täcka kycklingen.
f) Koka upp vattnet på medelhög värme, sänk sedan värmen till låg och låt det sjuda försiktigt i cirka 1 till 1 ½

timme, eller tills kycklingen är genomstekt och mjuk. Skumma bort eventuellt skum eller föroreningar som kommer upp till ytan under tillagningen.

g) När den är tillagad, ta ut kycklingen från grytan och låt den svalna något innan du skivar eller serverar den.

h) Corned kyckling kan serveras varm med dina favoritsidor, såsom ångade grönsaker och potatismos.

i) Alternativt kan du låta den svalna helt och använda den i smörgåsar, sallader eller andra rätter.

CHARKUTERFISK OCH SKJUD

93.Gravlax / Gravlax

INGREDIENSER:
- 1 pund färsk laxfilé, skin-on
- ¼ kopp kosher salt
- ¼ kopp strösocker
- 2 msk nymalen svartpeppar
- 1 msk färsk dill, hackad
- 1 msk senapsfrön
- 1 matsked vodka (valfritt)

INSTRUKTIONER:
a) Skölj laxfilén och torka den torr med hushållspapper.
b) I en skål, kombinera koshersalt, socker, svartpeppar, dill, senapsfrön och vodka (om du använder).
c) Lägg laxfilén i en grund form med skinnsidan nedåt och gnid in saltblandningen jämnt på köttsidan.
d) Täck skålen och låt stå i kylen i 24-48 timmar, vänd laxen en gång halvvägs genom torkningen.
e) Efter härdningsperioden, ta bort laxen från skålen och skölj den under kallt vatten för att ta bort överflödigt salt och krydda.
f) Torka laxen med hushållspapper och skiva den tunt.
g) Servera gravadlaxen på rågbröd eller rostat bröd, tillsammans med senapssås och dill.

94. Botade räkor

INGREDIENSER:

- 1 pund stora räkor, skalade och deveirade
- $\frac{1}{4}$ kopp kosher salt
- $\frac{1}{4}$ kopp socker
- 1 msk citronskal
- 1 msk limeskal
- 1 msk apelsinskal
- 1 tsk krossade rödpepparflingor

INSTRUKTIONER:

a) I en skål, kombinera koshersalt, socker, citronskal, limeskal, apelsinskal och krossade rödpepparflingor.

b) Kasta räkorna i saltblandningen tills de är jämnt belagda.

c) Lägg de kryddade räkorna i en grund form och täck skålen.

d) Kyl i 1-2 timmar, låt räkorna stelna och absorbera smakerna.

e) Efter härdningsperioden, ta bort räkorna från skålen och skölj dem under kallt vatten för att ta bort överflödigt salt och krydda.

f) Klappa räkorna torra med hushållspapper och servera dem kylda som en uppfriskande skaldjursförrätt eller i en sallad.

95. Laxskinkan

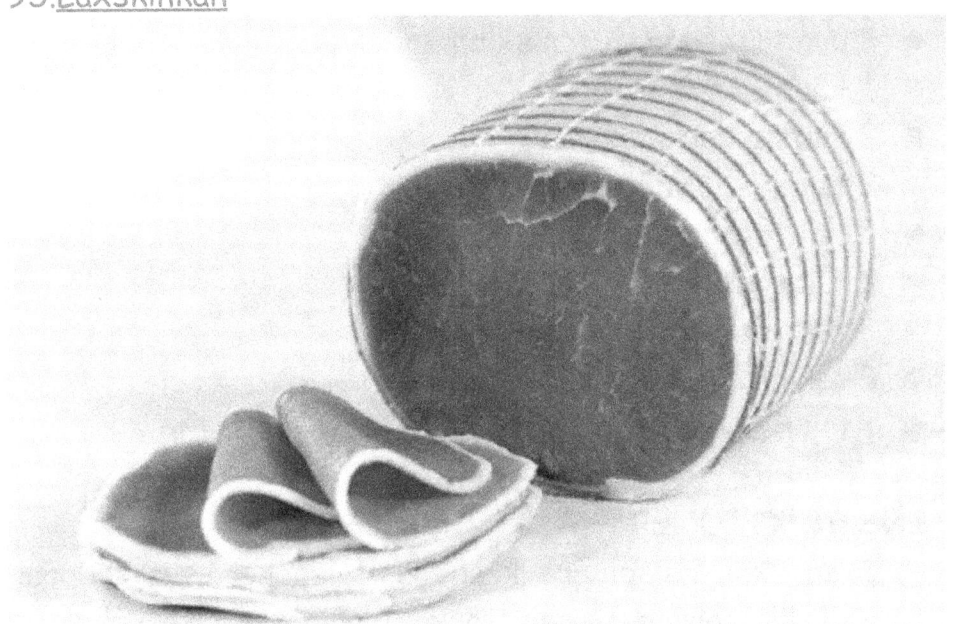

INGREDIENSER:
- 2 pund laxfiléer, utan skinn
- ¼ kopp kosher salt
- 2 matskedar socker
- 2 tsk mald svartpeppar
- 2 tsk torkad dill
- 2 tsk torkad timjan
- 2 tsk torkad rosmarin
- 2 tsk citronskal
- 1 tsk rosa salt (Pragpulver #1)

INSTRUKTIONER:

a) I en skål, kombinera koshersalt, socker, svartpeppar, torkad dill, torkad timjan, torkad rosmarin, citronskal och rosa salt.

b) Gnid blandningen över hela laxfiléerna, se till att de är jämnt belagda.

c) Lägg laxfiléerna i en ziplock-påse och ställ i kylen i 24-48 timmar.

d) Efter härdningsperioden tar du ut laxfiléerna ur påsen och sköljer dem under kallt vatten.

e) Torka laxfiléerna med hushållspapper.

f) Värm ugnen till 175°F (80°C).

g) Lägg laxfiléerna på ett galler över ett bakplåtspapper.

h) Tillaga laxfiléerna i den förvärmda ugnen i 2-3 timmar, eller tills de har torkat och fått en fast konsistens.

i) När den har torkat kan lachsschinken skivas tunt och avnjutas som en delikatess.

96. Botade sardiner

INGREDIENSER:

- 1 pund färska sardiner, rensade och rensade
- ¼ kopp kosher salt
- ¼ kopp socker
- 1 msk citronskal
- 1 msk apelsinskal
- 1 msk fänkålsfrön, krossade
- 1 tsk krossade rödpepparflingor

INSTRUKTIONER:

a) Skölj sardinerna och klappa dem torra med hushållspapper.

b) I en skål, kombinera koshersalt, socker, citronskal, apelsinskal, krossade fänkålsfrön och krossade rödpepparflingor.

c) Strö saltblandningen jämnt över sardinerna, täck dem på båda sidor.

d) Lägg de kryddade sardinerna i en grund form, täck skålen och ställ i kylen i 2-3 timmar.

e) Efter härdningsperioden, ta bort sardinerna från skålen och skölj dem under kallt vatten för att ta bort överflödigt salt och krydda.

f) Torka sardinerna med hushållspapper och servera dem marinerade i olivolja, citronsaft och färska örter.

97. Botad makrill

INGREDIENSER:

- 2 makrillfiléer, skin-on
- ¼ kopp kosher salt
- ¼ kopp socker
- 1 msk citronskal
- 1 msk timjanblad
- 1 tsk krossade korianderfrön
- 1 tsk svartpepparkorn, krossade

INSTRUKTIONER:

a) Skölj makrillfiléerna och klappa dem torra med hushållspapper.

b) I en skål, kombinera koshersalt, socker, citronskal, timjanblad, krossade korianderfrön och krossade svartpepparkorn.

c) Gnid in saltblandningen jämnt på köttsidan av makrillfiléerna.

d) Lägg filéerna i en grund form med skinnsidan nedåt och täck formen.

e) Kyl i 4-6 timmar, låt makrillen stelna och absorbera smakerna.

f) Efter härdningsperioden, ta bort makrillen från skålen och skölj den under kallt vatten för att ta bort överflödigt salt och krydda.

g) Torka makrillen med hushållspapper och servera den tunt skivad, tillsammans med inlagda grönsaker och knaprigt bröd.

98. Botade pilgrimsmusslor

INGREDIENSER:

- 1 pund färska pilgrimsmusslor
- ¼ kopp kosher salt
- ¼ kopp socker
- 2 msk citronskal
- 1 msk apelsinskal
- 1 msk färsk dragon, hackad
- 1 tsk svartpepparkorn, krossade

INSTRUKTIONER:

a) Skölj pilgrimsmusslorna och klappa dem torra med hushållspapper.

b) I en skål, kombinera koshersalt, socker, citronskal, apelsinskal, hackad dragon och krossade svartpepparkorn.

c) Strö saltblandningen jämnt över pilgrimsmusslorna, täck dem på alla sidor.

d) Lägg de kryddade pilgrimsmusslorna i en grund form, täck skålen och ställ i kylen i 1-2 timmar.

e) Efter härdningen tar du bort pilgrimsmusslorna från skålen och sköljer dem under kallt vatten för att ta bort överflödigt salt och kryddor.

f) Torka av pilgrimsmusslorna med hushållspapper och servera dem råa som ceviche eller stek dem snabbt i en het panna för en karamelliserad skorpa.

99. Botad svärdfisk

INGREDIENSER:

- 1 pund svärdfiskstek
- ¼ kopp kosher salt
- ¼ kopp socker
- 2 msk limeskal
- 1 msk färsk koriander, hackad
- 1 msk spiskummin, krossade
- 1 tsk krossade rödpepparflingor

INSTRUKTIONER:

a) Skölj svärdfisksteken och klappa den torr med hushållspapper.

b) I en skål, kombinera koshersalt, socker, limeskal, hackad koriander, krossade spiskummin och krossade rödpepparflingor.

c) Gnid in saltblandningen jämnt på båda sidor av svärdfisksteken.

d) Lägg steken i ett grunt fat och täck fatet.

e) Kyl i 4-6 timmar, låt svärdfisken bota och absorbera smakerna.

f) Efter torkningsperioden, ta bort svärdfisken från skålen och skölj den under kallt vatten för att ta bort överflödigt salt och krydda.

g) Klappa svärdfisken torr med hushållspapper och grilla eller stek den till önskad nivå av klarhet.

100. Torkad öringrom (kaviar)

INGREDIENSER:

- 1 dl löjrom (färsk eller fryst)
- $\frac{1}{4}$ kopp kosher salt
- $\frac{1}{4}$ kopp socker

INSTRUKTIONER:

a) Skölj löjromen i kallt vatten och torka den torr med hushållspapper.
b) I en skål, kombinera kosher salt och socker.
c) Strö saltblandningen jämnt över forellromen, massera försiktigt in den i äggen.
d) Lägg den torkade rödbetan i en behållare och täck över den.
e) Kyl i 24 timmar, låt rödbetan härda.
f) Efter härdningsperioden, ta bort kålroten från behållaren och skölj den försiktigt under kallt vatten för att ta bort överflödigt salt.
g) Torka rödbetan med hushållspapper och servera den som en lyxig topping för blinis, rostat bröd eller skaldjursrätter.

SLUTSATS

När vi avslutar vår resa genom världen av charkbrädor och fat, hoppas vi att den här kokboken har inspirerat dig att höja dina underhållande färdigheter och skapa fantastiska pålägg som är lika visuellt tilltalande som de är läckra.

Kom ihåg att den sanna skönheten med charkuterier ligger i dess mångsidighet och förmåga att tillgodose en mängd olika smaker och kostpreferenser. Var inte rädd för att experimentera med olika kombinationer, texturer och smaker för att göra dina charkuteriskapelser unikt till dina. Oavsett om du införlivar lokala specialiteter, utforskar internationella smaker eller fokuserar på säsongens råvaror, låt din kreativitet skina.

Dela glädjen av att samlas och beta med nära och kära, skapa ögonblick av anslutning och firande runt ett omtänksamt kurerat uppslag. Omfamna konsten att underhålla och njut av tillfredsställelsen av att veta att dina ansträngningar har gett leenden och tillfredsställelse till omgivningen.

Tack för att du följde med oss på detta charkfyllda äventyr. Må dina sammankomster alltid vara fyllda av skratt, dina tallrikar alltid fyllda med läckerheter och din kärlek till stilfullt underhållning fortsätter att blomstra. Glad bete och god aptit!

www.ingramcontent.com/pod-product-compliance
Lightning Source LLC
Chambersburg PA
CBHW071335110526
44591CB00010B/1153